AF461134

SOCIÉTÉ DE L'HISTOIRE DES COLONIES FRANÇAISES

L'ÉTABLISSEMENT DES FRANÇAIS

DANS LE HAUT-SÉNÉGAL

(1817-1822)

PAR

Paul MARTY

PARIS

Au siège de la Société : 28, RUE BONAPARTE.

Extrait de la

REVUE DE L'HISTOIRE DES COLONIES FRANÇAISES

t. XVIII, 1925,

Ier trimestre, pages 51-118.

L'ÉTABLISSEMENT DES FRANÇAIS

DANS LE HAUT-SÉNÉGAL

(1817-1822)

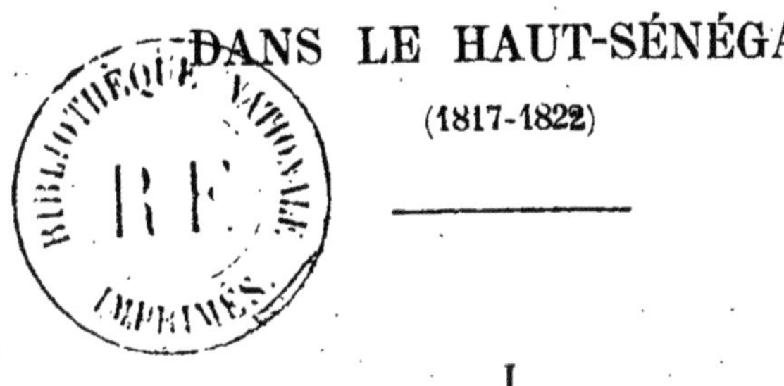

I

Le traité de Paris de 1814 avait restitué à la France le Sénégal, c'est-à-dire l'île Saint-Louis, à l'embouchure de ce fleuve, et l'île de Gorée. L'abolition de la traite des Nègres, prévue par les traités de Vienne, et brusquement réalisée par Napoléon pendant les Cent-Jours, le besoin urgent et considérable de matières premières et de denrées coloniales, ressenti alors sur tous les marchés de l'Europe, engagèrent le Gouvernement de la Restauration dans des systèmes de colonisation qui différaient complètement de ceux que l'ancien régime avait pratiqués jusqu'à la Révolution.

Des études coloniales du moment poussaient le Gouvernement dans cette voie et notamment un mémoire de Hogendorp, un autre de Page, et surtout les rapports chaleureux du colonel Schmaltz, qui venait de réoccuper Saint-Louis, au nom de la France, en 1816.

Le baron Portal, Ministre de la marine et des colonies, entièrement acquis à ces projets, les mettait en œuvre, avant même d'avoir l'assentiment et les crédits des Chambres.

« Trois expéditions partiraient de France, en 1818 et 1819, et apporteraient au Sénégal un millier d'hommes de troupes et du matériel. Trois fortins, établis le long du fleuve et jusqu'en Galam, devaient assurer la sécurité dans les régions avoisinantes ; la garnison serait fournie tout d'abord par les troupes envoyées de France, puis en partie par des corps indigènes encadrés par des Européens. Ces corps auxiliaires noirs devaient, avec le temps, former la majeure partie de la force publique dans nos établissements d'Afrique. En même temps, le Gouvernement devait se faire céder par les chefs indigènes, moyennant le paiement de coutumes ou de redevances annuelles, des terres destinées à la culture. Ces terres devaient, ensuite, être distribuées gratuitement à des concessionnaires français disposant d'un capital d'au moins 5.000 francs, ou à des habitants de Saint-Louis et de Gorée, ou enfin, à des soldats arrivés au terme de leur congé, auxquels on accorderait des facilités spéciales. Les chefs devaient procurer à tous ces colons les ouvriers nécessaires, et dans les traités de cession des territoires, ils devaient prendre l'engagement d'en fournir, moyennant une rétribution annuelle. Ces hommes restaient d'ailleurs leurs sujets, ne devaient jamais être transportés hors du pays et, si des différends entre eux et les colons survenaient, un tribunal spécial devait être chargé d'en connaître.

« On espérait aussi que les indigènes ne se borneraient point à travailler sous les ordres et au profit des Européens : les chefs du pays concevraient sans doute eux-mêmes la pensée de tirer de leurs sujets le même parti pour leur propre compte, et peu à peu, la masse même des indigènes obéirait de proche en proche à l'impulsion donnée. Ainsi, les naturels se civiliseraient à notre contact, acquerraient des besoins nouveaux, de sorte qu'à mesure que s'augmenteraient leurs ressources, le Sénégal offrirait un immense débouché aux produits français, en même temps qu'il deviendrait pour la France un domaine productif de denrées coloniales [1] ».

Conformément à ces instructions et projets, Schmaltz se mit immédiatement à l'œuvre. Dès l'hivernage de 1817, il expédiait dans le haut fleuve la première mission d'exploration, composée de Brédif, ingénieur des mines, et de Chastelus, ingénieur géographe. Ils emportaient les instructions suivantes, fort détaillées et d'un grand intérêt.

« Les sieurs Brédif et de Chastelus [2] se rendront directement à Galam. Si les eaux ne sont plus assez hautes pour leur permettre de remonter jusqu'au fort Saint-Joseph, ils s'arrêteront à Cotera, village situé à cinq lieues au-dessous de Tombaboucané et à deux lieues environ au-dessous de l'embranchement formé par le Sénégal et la Falémé. D'après les informations que j'ai prises, leur bâtiment y sera tout aussi en sûreté, pendant les incursions qu'ils feront dans l'intérieur, que s'il était mouillé vis à vis du fort Saint-Joseph.

J'ai chargé à leur bord les présents et coutumes du Gouvernement pour l'Almamy et les principaux chefs du pays de Fouta, afin de ne pas être obligé de payer une coutume particulière pour leur bâtiment ; mais comme la saison avancée ne leur permet pas de s'arrêter sans s'exposer à manquer d'eau pour achever leur voyage, je fais partir avec eux le sieur Jean-

1. Christian Schefer, *La France moderne et le problème colonial.*

2. MM. Brédif, ingénieur des mines de 1re classe, de Chastelus, lieutenant au corps royal des ingénieurs géographes, Leschault de la Tour, agriculteur botaniste, avaient été adjoints à l'expédition du Sénégal, pour faire une exploration en Afrique, par décision ministérielle du 17 mai 1816. M. Brédif a laissé de son voyage au Sénégal un journal qui a été publié dans la *Revue de Paris* (1er et 15 juin, 1er juillet 1907), sous ce titre : *Naufrage de la « Méduse »*. Note Claude Faure.

Pierre Pellegrin, à qui elles seront remises à leur arrivée à Saldé, et que je charge de tous les arrangements à faire pour le payement des coutumes du Gouvernement et de celles que doivent les embarcations des habitants de Saint-Louis à leur passage. De plus, afin de prévoir et de couper court à tout retard, je leur remets une lettre pour l'Almamy et les principaux pays du Fouta, et j'ai engagé Eliman Boubakar à les accompagner. D'après son influence et les dispositions actuelles des chefs Foulhes, je ne crois pas qu'ils puissent être retenus plus de deux jours à Saldé.

Comme ils partent tard et que les eaux ont été peu hautes cette année, il serait peut-être possible qu'ils ne pussent pas s'arrêter sans inconvénient à Jaffray, lieu où se payent ordinairement les coutumes de l'Almamy du pays de Bondou, qu'ils ont un grand intérêt à ménager pour le succès de leur mission. Dans ce cas, ils le feront prévenir de suite de leur arrivée, lui annonceront qu'ils sont porteurs de ses coutumes, et lui demanderont une entrevue à Cotéra.

L'Almamy de Bondou étant dans ce moment le prince le plus puissant de toute cette partie et mieux disposé en faveur des Français, les sieurs Brédif et de Chastelus ne négligeront rien pour entretenir ces bons sentiments et les faire tourner à l'avantage de l'opération dont ils sont chargés. D'après la connaissance que l'on a généralement ici de son caractère, l'Almamy de Bondou est un homme bon, mais très fin, et vis à vis duquel ils doivent manifester une grande confiance, sans cependant se livrer entièrement. Le succès de leur voyage dépendant surtout des facilités qu'il peut leur procurer pour pénétrer dans l'intérieur, ils commenceront leur exploration par son pays, de crainte de le choquer, s'ils paraissaient ne pas vouloir s'en occuper avant tout. En conséquence, après lui avoir délivré ses coutumes, ils lui feront un présent convenable, lui remettront la lettre dont je les charge et lui demanderont dans cette première entrevue la permission et les moyens de voyager dans ses Etats. Comme il serait d'une grande importance d'obtenir un de ses enfants pour otage, ils profiteront du grand désir qu'il a de voir se rétablir les anciennes relations que son pays avait avec les Français, pour l'engager à envoyer un de ses fils à Saint-Louis, sous le prétexte des avantages qui pourraient résulter de la connaissance que ce voyage le mettrait à même de faire avec les chefs de l'Administration du Sénégal.

Ils devront également, avant de quitter Cotéra pour entrer dans le pays de Bondou, demander une entrevue au Tunca, à Samba Congol, et aux autres Batcherys du pays de Galam. Ils leur remettront leurs présents et coutumes ainsi que la lettre dont je les charge pour eux ; et, après leur avoir fait particulièrement le présent d'usage, ils leur annonceront l'intention du Gouvernement de reprendre ses anciennes relations d'amitié et de commerce avec les Saracoulés, en leur laissant entrevoir le projet de rebâtir le fort (ce dont ils ont une extrême envie) si l'on a lieu d'être satisfait de leur conduite ; on ne peut manquer d'en obtenir tout ce qu'on désirera. Les sieurs Brédif et de Chastelus demanderont pour otage un des fils du Tunca ou de Samba Congol et profiteront des premiers bâtiments qui reviendront à Saint-Louis pour l'y envoyer avec celui qu'ils auront obtenu de l'Almamy de Bondou. Dans le cours de l'exploration qu'ils feront du Royaume de Bondou, ils ne négligeront rien pour tâcher de connaître comment l'or, le morphil et les autres produits de toute cette partie passent maintenant dans la rivière de Gambie ; et si, comme les cartes et divers renseignements semblent l'indiquer, la communication entre le Sénégal et cette rivière au moyen de la Falémé n'offre qu'une petite distance à traverser par terre aux caravanes qui font ce commerce. Comme, d'après la tradition, elles doivent toutes passer par le Royaume de Bondou pour se diriger sur Gambie, ils pourront, par les questions qu'ils feront aux naturels du pays, obtenir des notions d'une certaine précision sur ce point, ce qu'il serait important d'éclairer d'une manière positive.

Après avoir exploré le pays de Bondou et avant de quitter l'Almamy, les sieurs Brédif et de Chastelus lui demanderont des guides et un homme de confiance, chargé de ses recommandations, pour les faire pénétrer dans le royaume de Bambouck et les protéger pendant le séjour qu'ils y feront. Ils tâcheront d'obtenir, s'il est possible, le nommé Segger qui est avantageusement connu dans toute cette partie, et qui pourra leur être d'une grande utilité. Après cette précaution, ils pourront voyager avec sûreté dans tout ce pays, sur lequel la puissance de l'Almamy de Bondou lui donne une influence capable de les garantir de tout danger.

Les Royaumes de Bambouck et de Bondou renferment des mines d'or dont l'exploration entre pour beaucoup dans le but du voyage des sieurs Brédif et de Chastelus.

En 1730, la Compagnie française, instruite par divers mémoires, envoyés par ses préposés, de la richesse de ces mines, parut vouloir s'en occuper sérieusement. Elle envoya pour les visiter un artiste qui, à son retour en France, donna des éclaircissements satisfaisants. Cet artiste fut renvoyé en qualité de commandant de Galam, mais, ayant abusé des pouvoirs qui lui avaient été confiés, il fut assassiné au fort Saint-Joseph, avec tout le poste, dans une rixe qu'il avait provoquée. La Compagnie, rebutée par les dépenses inutiles qu'avait entraînées cet essai, abandonna son projet sur les mines.

En 1741, le sieur David, directeur général au Sénégal, engagea la Compagnie à renouveler cette tentative. Il fut chargé de préparer les voies à l'exploitation projetée, il établit plusieurs comptoirs dans cette vue, et, après s'être assuré de la richesse des mines, il confia au sieur de la Brue l'exécution du plan qu'il avait formé.

La guerre survint en 1744 ; le sieur David fut envoyé à l'Isle de France et le sieur de la Brue, de la direction de Galam, passa à celle du chef-lieu. Le sieur Aussenac, qui le remplaça dans le commandement du fort Saint-Joseph, ne perdit pas de vue les projets de la Compagnie sur l'exploitation des mines et entretint le mieux qu'il put les établissements formés. Il se transporta, en 1756, à Kélimani et à Natacon, où de nouvelles mines venaient d'être découvertes et fit passer à Paris des minerais qui furent trouvés très riches. La Compagnie fit en conséquence de nouveaux préparatifs, de nouveaux efforts pour s'en assurer l'exploitation ; mais ses projets ne purent pas s'exécuter, les Anglais s'étant emparés de l'Isle Saint-Louis en 1758.

Ayant envoyé, en 1759, un homme qui mourut de maladie à Galam, ils renoncèrent dès lors à toute expédition ultérieure. Il paraît que, depuis 1758 jusqu'en 1779 qu'ils ont possédé le Sénégal, ils ont éprouvé des obstacles ou n'ont pas mis assez d'importance à cet objet pour s'en occuper.

Les voyageurs qui ont pénétré depuis dans cette partie ont trouvé tous nos établissements en ruine.

Les détails ci-dessus sont extraits des instructions qui m'ont été remises lors de mon départ pour le Sénégal. Depuis mon arrivée dans la Colonie, il ne m'a pas été possible d'en recueillir de nouveaux des habitants qui, se bornant dans les voyages qu'ils ont faits au Galam, à recevoir en échange l'or qu'on leur offrait, ne se sont jamais occupés du nombre, de l'état, ni du gisement des mines. Ils s'accordent seulement dans l'opinion qu'il y en a beaucoup et qu'elles sont très riches. Ils pensent aussi généralement que ce n'est qu'avec de grands ménagements qu'on parviendra à déterminer les naturels du pays à leur exploitation, pour laquelle des préjugés, que le temps et de bons traitements peuvent seuls détruire, leur donnent un grand éloignement. Les sieurs Brédif et de Chastelus doivent donc, dans l'exploration qu'ils en feront, mettre autant de prudence que de réserve, et éviter soigneusement de laisser rien échapper qui pût déceler un sentiment d'intérêt subséquent ou des projets d'exploitation ; car le moindre soupçon de cette nature suffirait peut-être pour qu'on les empêchât d'y pénétrer et d'en faire l'examen dont ils sont chargés.

L'exploration des Royaumes de Bambouck et de Bondou achevée, les sieurs Brédif et de Chatelus s'occuperont de celle du pays de Galam, qui, en raison de ses nombreux rapports avec les Etats voisins qu'ils viendront de parcourir, leur sera déjà en grande partie connu lorsqu'ils reviendront. Ils s'attacheront spécialement à s'assurer tant par l'inspection des lieux que par les renseignements qu'ils pourront se procurer, si le Sénégal est navigable au-dessus du rocher Felou, s'il existe d'autres cataractes au-dessus, enfin jusqu'où il lui sera possible de lui faire porter des embarcations propres à opérer des transports de sel et autres marchandises.

Je présume que la partie de leur mission relative aux Royaumes de Galam, de Bambouck et de Bondou pourra être entièrement remplie avant la crue des eaux de l'année 1818. Dans ce cas, les sieurs Brédif et de Chastelus en profiteront, aussitôt qu'elle aura rendu le fleuve navigable, pour opérer leur retour à Saint-Louis. Dans ce trajet, ils s'occuperont d'achever les corrections que la précipitation avec laquelle ils vont être obligés de remonter ne leur aurait pas permis de faire à la carte du cours du Sénégal, et complèteront, autant que la saison le permettra, sans danger pour leur conservation, l'exploration de ses bords et des isles qu'il forme depuis le fort de Saint-Joseph jusqu'à Saint-Louis.

Après leur avoir fait connaître les pays qu'ils sont chargés de parcourir et d'explorer, et leur avoir indiqué la marche que les renseignements qui ont été fournis me font regarder comme la meilleure marche à suivre, il ne me reste plus qu'à leur donner communication des vues dans lesquels le Gouvernement a ordonné le voyage qu'ils vont entreprendre et de ses intentions sur la manière dont ils doivent remplir la mission qui leur est confiée.

Les instructions qui m'ont été remises par Son Excellence le Ministre Secrétaire d'Etat au Département de la Marine et des Colonies s'expriment comme suit à cet égard :

« Les recherches dont les explorateurs remis à la disposition du Colonel Schmaltz seront chargés doivent avoir pour but d'acquérir une connaissance, aussi exacte et aussi précise qu'il sera possible, des ressources que peuvent offrir ces pays sous les rapports du commerce et de l'agriculture, des avantages qu'on pourrait espérer de l'exploitation des mines d'or existantes dans ces contrées ; de la population des différents royaumes ; des mœurs, du caractère de leurs habitants et de la nature des relations qu'on pourrait ouvrir et entretenir avec eux. Il leur sera recommandé surtout de porter une attention particulière dans l'examen qu'ils feront des bords du Sénégal et des Isles Saint-Louis ; de s'assurer de l'espèce de culture à laquelle ces isles seraient propres, du nombre et du caractère des habitants de chacune d'elles, de leurs dispositions et spécialement de celles de leurs chefs à notre égard, et enfin des moyens à employer pour y former des établissements agricoles.

« Ils devront, en conséquence, décrire le genre de culture, les diverses productions de chaque pays, étrangères ou naturelles au sol, l'industrie des habitants, l'espèce des animaux qu'ils rencontreront, et les usages auxquels ils pourraient être propres ; visiter les mines, déterminer leur gisement et en rapporter des échantillons, observer et faire connaître les peuplades qu'ils trouveront sur leur route ; rendre compte de leur gouvernement, de leurs usages, de leurs mœurs, de leur religion et de l'accueil qu'ils recevront ; lier amitié avec les chefs ; éviter de contrarier leurs idées, prévenir toute discussion sérieuse, et, en tout événement, n'employer leurs armes que dans la nécessité la plus urgente et à la dernière extrémité pour leur conservation personnelle ; s'attacher à donner à ces peuples une haute opinion de la richesse, de la puissance et surtout de la bonté des Français ; faire tout, en un mot, pour préparer les moyens de pouvoir un jour pénétrer sur leur territoire, et étendre de proche en proche, par l'introduction du commerce, une civilisation dont la France pourrait recueillir les brillants avantages. »

Les sieurs Brédif et de Chastelus doivent maintenant sentir que les vues du Gouvernement sont uniquement de s'assurer quelles sont les ressources que ses possessions d'Afrique pourront offrir au commerce français, et jusqu'à quel point il serait possible d'y former des établissements de culture libre susceptible de fournir aux consommations de leur métropole en denrées coloniales. C'est donc vers ce point que doivent tendre spécialement les recherches qu'ils vont entreprendre et dont ils ne peuvent manquer de sentir toute l'importance en réfléchissant que, dans un moment où la situation des finances du Royaume force aux plus sévères économies, le Gouvernement n'a pas balancé à faire les sacrifices que va nécessiter leur mission ; je ne dois pas leur laisser ignorer, en outre, qu'en m'annonçant l'envoi des instruments et des marchandises de traite, que j'avais demandées pour l'exploration dont ils vont s'occuper, Son Excellence m'écrit :

« Sans répéter ce qui vous a été dit dans vos instructions générales, au sujet de l'exploration, je me bornerai à vous recommander de ne pas perdre de vue qu'elle n'est ordonnée qu'afin de procurer au commerce national des relations plus étendues avec les contrées de l'Afrique, et que c'est surtout vers ce but que doivent tendre les recherches des explorateurs. »

Il n'est pas sans intérêt de faire connaître en quelques lignes la situation des deux principaux Etats : le Guoye, le Boundou, au milieu desquels le nouveau poste allait être établi, et avec les populations desquels il allait entrer en relations politiques et commerciales.

Le *Guoye* était sous l'autorité traditionnelle d'une féodalité de chefs, nommés « tunka » et choisis dans la famille princière des Bakili (ou Batchili). Il est peuplé de Sarakollé, dont les premières traces d'islamisation remontent au XVe siècle environ et semblent provenir du prosélytisme des marchands mandingues, qui reliaient la boucle du Niger au haut Sénégal. André Brue les trouvait, vers 1700, constitués en une confédération de villages dont les uns, tels Dramané, atteignaient à son dire 3 à 4.000 habitants, et où toute l'autorité résidait dans les mains des marabouts. Ils vivaient dans un état d'indépendance à peu près complet vis-à-vis du tounka de la région.

La masse des Sarakollé du Guoye n'était encore à cette date que très partiellement islamisée. Ils devaient donc être en butte à l'hostilité des Musulmans voisins du Boundou, pour qui le devoir religieux de « guerre sainte » se doublait de pillages lucratifs.

L'Etat théocratique et musulman du *Boundou* était de fondation récente. Jusqu'à la fin du XVIIe siècle, le pays était partagé en une série de petites principautés autonomes et batailleuses : les Bakiri, les Fadoubé, diverses familles Malinké, les Ouliabé. A cette date, un marabout peul du Fouta Toro, Malik Si, du clan des Sissibé, vint, après diverses pérégrinations dans le Galam et le Kaarta, s'installer dans le Guoye pour y faire du prosélytisme musulman.

Sa réputation de sainteté et de sagesse, dit Lamartiny, avait attiré tellement d'élèves à Malik Si, qu'il dut réclamer un agrandissement de concession pour loger tous ses prosélytes. Le Tounka y consentit de bonne grâce et lui dit : « Marabout, va chez toi, d'où tu partiras demain à la pointe du jour ; de mon côté, je partirai d'ici, et le lieu de notre rencontre sera la limite de ton territoire. »

Malik retourna chez lui ; mais plus rusé que le Tounké, il en partit pendant la nuit, tandis que le chef du Guoye quittait Touabo à la pointe du jour. La rencontre eut lieu tout près de cette dernière ville, et le Tounka lui dit : « Marabout, tu m'as trompé, mais je tiendrai ma parole ; ici sera désormais la limite de mon royaume. »

Malik Si, possesseur d'un espace assez étendu de terrain, fit bon accueil aux émigrés du Toro, son pays natal, conclut une alliance avec les Fadoubé et, sûr de tous ces nouveaux venus, il forma un Etat. La mort du Tounka, son protecteur et ami, qui eut lieu peu de temps après, lui parut propice pour satisfaire son rêve, mais l'heure n'avait pas sonné. Malik Si trouva la mort dans ses combats avec les princes fétichistes locaux (vers 1720).

Ce fut son fils, Boubou Malik, qui par son talent militaire, ses intrigues politiques, qui attirèrent à lui beaucoup de Peul du Fouta Toro, et son long règne (1720-1747) fonda ce royaume musulman au cœur des peuplades animistes du haut Sénégal, et prit le titre religieux de « chef de la prière » (almamy). Avec le temps, ce nom d'almamy allait devenir dans tous ces Etats, d'origine peul et de religion musulmane, de l'Ouest africain : Boundou, Fouta Toro, Fouta Djallon, etc., un titre politique.

Lors de la réoccupation française du Sénégal, en 1816, l'almamy du Boundou était le petit-fils de Boubou Malik, par une branche cadette, Hamadi Aïssata. Monté sur le trône en 1802, Hamadi avait soutenu de grandes luttes contre ses voisins du Fouta Toro, en pleine révolution religieuse et expansion politique. C'est en effet en cette fin du XVIIIe siècle que le parti maraboutique Torodo, levant l'étendard de la révolte à l'appel du grand cheikh Abdoul Qader, avait chassé ou asservi ses maîtres peul (les Poules de nos pères) et donné naissance à ce peuple toucouleur qui allait devenir célèbre dans nos annales coloniales.

Hamadi Aïssata, vainqueur d'Abdoul Qader, le fit prisonnier et suivant sa propre expression « l'envoya rejoindre Sega Gaye ». Ce Séga Gaye était le frère consanguin et le prédécesseur de Hamadi que Abdoul Qader avait mis à mort.

Le Fouta et le Houndou évoluèrent désormais chacun dans leur plan et sans trop de heurts.

En 1818, année où nous allions procéder à l'occupation

de Bakel, Hamadi soutenait encore de grandes luttes contre les bandes animistes du Kaarta soudanais, qui avaient envahi le pays. Ce n'est qu'à grand peine qu'il put signer la paix avec elles et obtenir leur départ (fin 1818).

Mais déjà les Français étaient à Bakel.

Quant aux anciens établissements des Compagnies commerciales du XVIIIe siècle : Fort Saint-Joseph, sur le Sénégal, Fort Saint-Pierre sur la Falémé, tous deux à une quarantaine de kilomètres au moins du confluent de ces deux cours d'eau, ils étaient, depuis leur abandon dans les premières années de la Révolution, tombés complètement en ruines.

Partis de Saint-Louis le 9 octobre 1817, Brédif et de Chastelus y revinrent le 29 décembre, n'ayant pu dépasser le village de Quiellé, à la lisière du pays de Galam, mais rapportant déjà des renseignements sur la situation du haut pays et ayant déterminé plusieurs points essentiels du cours du fleuve. Des difficultés opposées par les Toucouleurs, la guerre imminente entre les Bambara du Kaarta et le Fouta, le retrait des eaux et surtout l'état de santé déplorable de Brédif avaient nécessité ce retour. En réalité l'expédition n'avait pas abouti. Elle était à recommencer.

II

Il fallait d'autant plus se hâter que, dès février 1818, les Anglais mettaient en route, de Sainte-Marie de Bathurst, une expédition considérable vers l'intérieur du pays, et qu'il était à craindre que cette mission du major Gray ne vînt déranger nos projets dans le haut fleuve.

Fleuriau, qui assurait avec distinction l'intérim de

Schmaltz ; écrivait, le 20 juillet 1818, au Ministre :

« Je sais que les Anglais ont envoyé des marabouts à Galam à plusieurs reprises avec des présents considérables, qu'on a gardés sans écouter leurs propositions. Les habitants tiennent aux Français. Cependant la présence de l'expédition serait bien à craindre, si nous ne nous hâtons de prendre possession du pays, et c'est pour cette raison, que le voyage de Galam, pour cette année, me paraît de la plus haute importance ; si nous ne pouvons pas nous y établir encore, nos relations seront nouées du moins ; et notre présence suffira pour détruire tout ce que l'expédition aura pu faire. Pour que ce voyage se fasse d'une manière sûre et avantageuse, il faudrait partir dans 20 jours ; le temps presse et j'hésite encore, parce que je n'ai que des notions très incertaines sur les projets futurs du Gouvernement, et que je crains d'entreprendre une expédition qui ne cadrerait pas avec les plans adoptés. D'un autre côté, si je ne fais rien, il en peut résulter des inconvénients graves, qui retarderaient sûrement les succès de ce que nous voudrions faire par la suite. »

L'embarras de Fleuriau était d'autant plus grand qu'il n'avait même pas les marchandises nécessaires pour payer les coutumes et offrir des présents aux chefs indigènes. Or le temps pressait : au 14 juillet le fleuve était aux hautes eaux ; chaque jour qui s'écoulait était perdu pour le séjour en Galam.

L'arrivée de l'*Argus*, commandé par le capitaine de frégate de Meslay, allait le tirer d'embarras.

Quelques jours avant son arrivée, Fleuriau avait commencé à préparer le Brick le *Postillon* pour cette expédition, ainsi que le *Colibri*, qui se trouvait en si mauvais état, qu'on ne l'avait pas jugé propre à prendre la mer.

La moitié des préparatifs étaient donc faits, quand l'*Argus* parut.

Les marchandises qu'on attendait de Bordeaux et qui étaient nécessaires au long séjour que la mission d'exploration et d'installation du poste devait faire en Galam étant enfin arrivées, Fleuriau publia le règlement ci-après, modèle qui devait être reproduit bien souvent par la suite ; puis il mit l'expédition en route.

« Nous Commandant pour le Roi et Administrateur du Sénégal et Dépendances,

Considérant que l'expédition de Galam, ordonnée par sa Majesté, a essentiellement pour but d'accorder secours et protection aux navires du commerce, que les habitants de Saint-Louis envoyent à cette destination ; que tous les bâtiments ont également droit à être protégés, non seulement contre toute tentative imprévue d'hostilité, mais de fraude de la part des peuples riverains du Sénégal ; et combien il est essentiel que chacun se tienne à portée de recevoir l'assistance qui lui serait nécessaire.

Nous avons arrêté que le règlement de ce jour serait publié et affiché, afin que Messieurs les négociants et capitaines puissent en prendre connaissance et s'y conforment.

RÈGLEMENT

Pour les bâtiments du Sénégal, destinés à faire le voyage de Galam.

Article premier

Les bâtiments destinés pour Galam, se réuniront en convoi sous les ordres immédiats de M. le Commandant de l'*Argus*, et seront tenus de se conformer exactement aux signaux d'appareillage et mouillage, qu'il pourra bien faire.

Art. 2

Les coutumes à payer pour chaque bâtiment seront distribuées à bord du brick l'*Argus*, en présence de M. le Commandant et du sieur Pierre Moussa, chargé de surveiller cette opération.

Art. 3

M. le Commandant du convoi déterminera l'époque du retour des bâtiments, et chaque capitaine sera tenu de se disposer en conséquence, sous peine de désobéissance et d'insubordination.

Art. 4

Le convoi appareillera de Saint-Louis, le 17 août, au plus tard. Les navires, qui ne seraient pas prêts à cette époque ne pourront compter sur la protection des bâtiments du Roi, qu'autant qu'ils puissent se réunir à eux. »

Il écrivait en même temps à l'almamy de Boundou la lettre suivante :

« Il y a un an, quelques circonstances fâcheuses, et surtout la maladie grave d'une des personnes qui vous avaient été envoyées, ne nous ont pas permis de renouer les relations amicales, qui existaient depuis longtemps entre les Français et vous. Cette année, de sages précautions me font espérer que l'expédition de Galam n'éprouvera aucun retard.

M. de Mélay, qui la commande, et M. de Chastelus qui était à Saldé l'année dernière, vous remettront les coutumes d'usage. Je recommande ces Messieurs à votre bienveillance, pendant leur séjour à Cottera : je les mets sous votre protection particulière, parce que je compte sur les promesses que vous avez faites. Nos projets, nos intentions sont toujours les mêmes ; nous les suivrons avec persévérance, parce que nous espérons qu'ils sont également avantageux pour nous et pour les peuples qui se montreront nos amis. L'intérêt des hommes se trouve d'accord avec le bonheur des peuples. C'est une circonstance rare et que la volonté de Dieu a permise dans un jour de clémence. Sachons profiter de ses bienfaits et craignons d'attirer sa colère en méconnaissant sa sublime bonté.

J'ai chargé Messieurs de Meslay et de Chastelus de vous remettre un habillement d'écarlate, en sus de vos coutumes, comme preuve de notre attachement pour vous. Si quelque autre chose pouvait vous être nécessaire, écrivez-moi, j'aurai du plaisir à vous être utile.

Recommandez à vos sujets la culture du coton ; nous vous l'achèterons, ils ne sauraient nous en fournir en assez grande quantité. »

Il écrivait en des termes à peu près identiques au Tounka de Galam, Samba Congol Bakiri, « et aux autres principaux du pays de Galam ».

L'expédition comprenait donc : le brick l'*Argus* commandant de Meslay, chef de l'expédition, le brick le *Postillon*, commandant La Place, enseigne de vaisseau ; l'aviso le *Colibri*, commandant Béchamel, élève. L'ingénieur de Chastelus y était joint comme commandant en second de l'expédition. Pour les membres de la commission d'exploration, Grandin et Morenas, malades dès Saint-Louis à l'idée des dangers et souffrances qui les attendaient dans le haut fleuve, ils refusèrent de partir. Fleuriau joignait à l'armement de l'*Argus* des maîtres ouvriers : charpentiers, menuisiers, forgerons, calfats, maçons, voiliers, armuriers. On avait même songé à y mettre un instituteur pour y « commencer l'instruction mutuelle », comme on disait alors, mais considérant qu'il n'y avait pas encore de local, on jugea cet envoi prématuré et l'instituteur fut expédié à Gorée. En somme, concluait Fleuriau, « il n'y a d'ouvrier vraiment peu essentiel, qu'un homme qui a travaillé au jardin du Roy à Paris et qui est chargé, moyennant 50 francs par mois, de préparer des oiseaux pour le cabinet d'histoire naturelle ».

Pour la première fois, on se préoccupait de l'installation matérielle, mais presque en s'excusant : « J'ai fait construire à bord de l'*Argus*, du *Postillon* et du *Colibri*, de grandes dunettes entourées de jalousies, et parfaitement aérées. Ces messieurs y trouveront un logement agréable, qui les mettra à même de supporter sans inconvénient, j'espère, l'excessive chaleur, à laquelle ils seront exposés. Tous les Européens ont été fournis de pièces de toile pour les garantir des moustiques : ce soin qui paraîtrait minutieux est cependant fort essentiel. On reconnaît assez généralement que les insomnies, causées par les piqûres de ces insectes, étaient une des principales causes de mortalité parmi les blancs qui voyagent sur le fleuve ; cette précaution n'était pas à négliger. Les vivres sont de bonne qualité ; les médicaments ont été complétés, et nous avons lieu d'espérer que les vents assez violents qui ont favorisé le départ du convoi abrégeront sa traversée, et diminueront les dangers qu'elle présente. Les eaux montées à une hauteur prodigieuse contribueront à la facilité de la navigation. »

La future garnison de Bakel, embarquée sur l'*Argus*, comprenait quatorze soldats, à savoir : un sergent, deux caporaux et onze fusiliers, dont un remplissait les fonctions de maître canonnier sur le bateau.

Les commerçants de Saint-Louis, constitués en société, joignirent à l'expédition officielle toute une flotte de bateaux marchands, destinés à rapporter au chef-lieu les produits du haut fleuve. Un de ces bateaux devait rester toute l'année à Galam avec l'*Argus*. Il avait une singulière histoire : c'était jadis un brick espagnol, du nom de *Saint-Guillaume*, inscrit au port de Lisbonne. Les guerres de l'indépendance sud-américaine battaient alors leur plein. Le brick fut capturé par un équipage d'insurgés argentins de Buenos-Aires, commandés par un capitaine anglais. Mais il était si mal en point qu'il dut se réfugier à Saint-Louis pour y demander du secours. Les républiques sud-américaines n'ayant pas encore été reconnues officiellement, nul secours ne pouvait être accordé à ce bateau de rebelles. Le bâtiment étant sur le point de couler bas, fut abandonné, au grand ennui de Fleuriau, devant la barre. Contraint d'en prendre possession, il le fit amener à Saint-Louis, réparer aux fins d'usage pour le fleuve et vendre, ainsi que la cargaison. Acheté par la société des négociants de Saint-Louis pour l'expédition de Galam, le *Saint-Guillaume* partit avec le convoi et resta prisonnier avec l'*Argus* de l'hivernage 1818 à l'hivernage 1819.

En résumé, de Meslay avait l'ordre de conduire l'expédition en Galam, de présider au trafic jusqu'à la fin de l'hivernage, de renvoyer à ce moment tout le monde à Saint-Louis, de maintenir son brick et le navire commercial le *Saint-Guillaume* dans une fosse du haut fleuve, d'y rester ainsi prisonnier pendant toute la saison sèche afin de choisir à loisir l'emplacement définitif du nouveau poste, de l'installer, d'y nouer des relations suivies avec les indigènes et notamment avec l'almamy du Boundou qui avait fait savoir à plusieurs reprises son extrême plaisir de voir un poste établi à demeure dans le pays, et finalement de ne redescendre qu'aux hautes eaux de l'hivernage 1819.

Le Gouverneur par intérim lui remettait la première note, donnée l'année précédente à Brédif par Schmaltz et y ajoutait les instructions suivantes fort intéressantes. Brédif, redescendu malade comme on l'a vu, était mort peu après, en janvier, à Saint-Louis.

« Il me reste maintenant à vous indiquer quel est essentiellement le but de votre voyage, et ce qu'il me paraît important de commencer pour préparer le succès des expéditions subséquentes.

L'objet de cette première expédition est de rétablir nos anciens rapports avec Galam et les pays environnants. Un séjour de quelques semaines ne pouvait remplir ce but, après une si longue interruption : et c'est pour cette raison que l'*Argus* a été désigné pour passer une saison entière dans le haut pays. On a espéré que l'habitude de voir des Européens, l'assurance de les avoir constamment parmi eux, d'être protégés à l'avenir contre les entreprises de leurs ennemis, et que les échanges que vous aurez à faire pour vos travaux, seraient des moyens prompts et immanquables de nouer nos relations avec ces peuples et de les rétablir sur le même pied qu'au temps de la compagnie du Sénégal. Votre bon jugement, votre présence sur les lieux, l'expérience de ceux qui vous accompagnent, vous mettront bientôt à même de connaître mieux que moi ce qu'il faudra faire pour employer ces moyens d'une manière utile et conforme aux vues ultérieures du Gouvernement.

Le voyage d'exploration ne pouvant pas avoir lieu cette année, les recherches que vous aurez à faire dépendront nécessairement de l'état où vous trouverez le pays, et des facilités que vous offrirait la manière des habitants. M. de Chastelus, ingénieur géographe, qui vous accompagne, réunit à beaucoup de zèle et d'expérience un caractère aimable et facile. C'est un compagnon que je vous donne et que je quitte avec regret. En vous entendant avec lui sur ce qui peut être praticable et nécessaire, vous pourrez remplacer jusqu'à un certain point la commission dont les travaux vont être retardés ; ou du moins lui fournir des renseignements assez positifs pour régler sa marche à venir, en la dirigeant sur ce qui pourra mériter son attention. L'examen des mines d'or de Bondou et Bambouck étant plus particulièrement dans les attributions d'un ingénieur des mines, il ne faudra vous en occuper que pour vous assurer de la possibilité d'y trouver accès et rapporter quelques minerais comme échantillons. Si cependant vous n'éprouviez pas trop d'opposition de la part des habitants pour les visiter, les renseignements que vous pourriez nous fournir seraient d'un grand intérêt. On assure qu'il se trouve également, dans ces deux pays, des mines de fer et peut-être de charbon. Il serait bien important d'en avoir la certitude.

Il serait essentiel de visiter le rocher Félou ; vous pourriez vous entendre avec M. de Chastelus pour vous y rendre ensemble, ou pour l'employer seul, dans le cas où vous ne jugeriez pas convenable de vous absenter l'un et l'autre en même temps. Depuis longtemps, on désire savoir quelle est l'étendue de cette cataracte, s'il est possible de la franchir, si le Sénégal est navigable au delà, enfin de quelle importance pourraient être les établissements qu'on voudrait y former par la suite. Vous joindrez à ces détails vos observations sur la facilité qu'il y aurait dans les communications entre ces établissements et celui de Galam, et principalement quelques notions sur la distance où le Sénégal cesserait d'être navigable.

Des reconnaissances du même genre sur la Falémé et les autres rivières qui arrosent le pays nous fixeraient sur la facilité et l'utilité des transports dans toute l'étendue du royaume de Galam. Mais, encore une fois, ces recherches doivent être entièrement subordonnées à l'état du pays et à la sécurité que vous pourrez trouver dans vos excursions ou celles que vous feriez faire.

Votre affaire principale sera de vous occuper sans relâche à construire quelques établissements qui puissent servir de premier asile à l'expédition plus nombreuse qui aura lieu l'année prochaine. Il s'agirait d'élever des magasins assez vastes pour contenir les approvisionnements destinés à 400 hommes pendant un an ; des casernes pour 300 soldats couchés dans des hamacs, fours, cuisines, forges, et quelques logements pour les divers employés que le Gouvernement pourra envoyer. J'ai cherché à réunir tout ce qui pourrait faciliter cette opération, en ouvriers, ustensiles, et le peu de matériaux qui me restaient.

J'ai ajouté aux objets d'échange, qui doivent servir à la solde de vos subordonnés, et pourvoir en partie à leur subsistance, un peu plus que ce qui vous était régulièrement nécessaire, afin de vous laisser la facilité d'employer quelques naturels du pays. Leur manière de construire est à la fois économique et solide. Ils bâtissent en terre et lui donnent, au moyen du feu, un vernis qui garantit les murs des influences de l'atmosphère. J'ai vu dans l'Amérique du Sud des villes entières bâties de cette façon. La terre de poterie que vous trouverez en abondance pourrait, à défaut de cette méthode, vous fournir des briques excellentes, et les pierres calcaires, la chaux dont vous auriez besoin. Les gonatiers vous donneront des poutres parfaitement solides, et des planches, avec quelque persévérance, pour compléter la quantité que je vous en ai donnée.

N'ayant point d'artillerie à redouter, la forme du fort de Saint-Louis me paraît convenable pour Galam, à quelques modifications près. Les bastions vous feraient de beaux magasins dans le bas, et vous établiriez les casernes au-dessus, en laissant un petit rempart qui ferait le tour de l'édifice. Vous pourriez environner ce fort d'une palissade et d'un fossé, en attendant la garnison qui doit l'occuper. Voilà ce qu'il y aurait à faire. Je ne puis pas bien juger des difficultés que vous aurez à surmonter, ni affirmer qu'il soit possible de finir tout. Mais je pense que vous pourrez toujours former vos bastions et vous fermer de manière à mettre en sûreté les approvisionnements de l'année prochaine, et un hangar pour loger les troupes dans les premiers moments. D'après ce que j'entends dire aux personnes qui connaissent le pays, il vous sera plus facile de construire solidement ainsi que je vous l'ai indiqué, que de faire un bâtiment en simple charpente. Ce serait un avantage incalculable de bien faire dès la première fois.

L'important est de savoir précisément où il conviendra mieux de vous établir. Je ne puis à cet égard vous donner que des renseignements peu certains. L'ancien fort Saint-Joseph présentait le grand inconvénient d'être fort éloigné du mouillage des bâtiments qui séjournaient dans le haut fleuve, en sorte qu'il ne pouvait ni les protéger, ni en attendre des secours. Les navires se tenaient ordinairement à Cottéra, à quatre lieues de la Falémé, dans une espèce de bassin où il reste environ douze pieds d'eau dans les grandes sécheresses. Cet endroit est trop éloigné de l'habitation de Samba Congol, pour songer à vous y fixer. Mais il paraît qu'il existe une fosse, ou bassin, à peu près semblable, près d'un village appelé Faudauca, à un mille de Saint-Joseph. Vous pourriez sonder à Cottera en montant, puis à Faudauca. La différence de profondeur vous mettrait de suite à même de juger si vous pouvez rester dans ce dernier endroit. Alors il n'y aurait pas à balancer : il faudrait ou réparer le Fort, ou s'il n'en était pas susceptible, vous établir sur la rive gauche de la rivière vis-à-vis de votre mouillage et sur une élévation qui domine le pays. Avant de vous y décider, ne manquez pas de prendre des informations positives sur les changements qu'éprouve le lit de la rivière, et voyez si nous n'aurions pas la chance de perdre un jour le mouillage que vous aurez trouvé. Car alors l'ancien fort aurait nécessairement la préférence. Tâchez aussi de savoir quel effet produirait chez les habitants et le roi de Galam un changement de position quelconque. Il paraît qu'autrefois la rivière avait gagné vers le fort, et en avait même miné le bastion du Nord. Dans le cas où vous croiriez devoir choisir un nouvel emplacement, il sera peut-être nécessaire de mettre en avant pour prétexte la crainte d'éprouver à l'avenir des dégradations du même genre. En résumé, si vous pouvez trouver un mouillage, à l'abri du changement, auprès du fort, réparez-le, ou fixez-vous aussi près de lui que possible ; sinon commencez à bâtir (toujours sur la rive gauche) sous la protection de l'*Argus*.

J'ai pensé que ne vous trouvant pas à même peut-être d'employer tous vos laptots à cet ouvrage, il vous serait possible de faire en même temps quelques essais de culture. Vous avez reçu en conséquence une charrue, que j'ai fait construire ici, et j'ai eu soin de placer dans le détachement qui vous accompagne des hommes qui savent labourer et dresser les bœufs au joug. Quelques plantes et graines de différentes espèces compléteront vos ressources sous ce rapport.

Il serait bien nécessaire aussi d'avoir quelques détails sur la culture de l'indigo, qui vient abondamment à Galam, mais que les naturels préparent mal. Vous tâcherez de nous donner une idée de la quantité qu'on pourrait apporter en feuilles au Sénégal.

Vous emporterez encore avec vous une mécanique, qui mettera douze moulins à coton en mouvement. Douze enfants et deux hommes pourraient égrainer de 100 à 120 livres nettes par jour. Ce que vous rapporteriez à votre retour aurait le double avantage de présenter des résultats immédiats et de couvrir une partie des frais de l'expédition. Dans tous les cas, envoyez-moi un peu de coton brut par le *Postillon*, et en dernier lieu chargez-en l'*Argus*, s'il vous reste assez de marchandises d'échange pour cela.

Le détachement que j'ai destiné pour le Galam se compose d'un sergent, deux caporaux et dix fusiliers, sans compter celui qui remplit à votre bord les fonctions de maître canonnier. On les a choisis parmi ceux qui ont tenu la meilleure conduite depuis leur séjour dans la colonie : la plupart sont ouvriers et seront d'un grand secours, dans vos opérations comme pour votre surveillance. J'ai cru devoir les mettre sous le commandement de M. de Chastelus, qui les soignera. Mais il est bien entendu qu'ils seront toujours à votre disposition.

Il est inutile de vous recommander de veiller avec soin sur la conduite de votre équipage : vous sentirez combien il sera essentiel de leur faire éviter des querelles, dont les conséquences deviendraient fâcheuses. Ayez soin également de faire marcher ensemble tous les bâtiments du convoi, de faire rallier les traîneurs, qui pourraient être insultés faute de protection. Quand vous serez fixé sur l'époque où il sera nécessaire d'expédier le convoi en retour, veuillez prévenir les capitaines quelques jours d'avance, afin qu'ils puissent partir simultanément sous l'escorte du *Colibri*, et contraignez-les d'appareiller.

Vous aurez à m'envoyer les otages du pays de Fouta, par un canot qui sera destiné à les porter au Sénégal. Plus tard, par le *Postillon*, vous m'expédierez aussi un fils du roi de Galam, qu'il est d'usage de nous envoyer. Je m'en réfère aux lettres que je vous ai remises pour l'Almamy de Fouta et Samba Congol, et dont je vous prie de prendre connaissance.

Je mets sous votre protection spéciale le navire qui doit séjourner avec vous à Galam. Il est expédié par une société de négociants de Saint-Louis. Cette opération se rattache si immédiatement à la nôtre, qu'il sera essentiel de la favoriser par tous les moyens possibles... Voyez à ce qu'il ne s'établisse aucune concurrence entre les deux bâtiments. Je pense qu'il serait bon de vous entendre avec M. Allain pour établir un tarif, dont il serait défendu de s'écarter dans les échanges. En veillant à ce que cette mesure ne soit pas onéreuse pour les habitants, elle tournerait à l'avantage de tous. Vous sentez que c'est plutôt pour l'avenir que pour le présent qu'il faut agir.

Je vous engage à nous écrire le plus souvent possible, afin de nous tenir au courant de vos opérations. Les Saracoulés et les Marabouts vous en donneront des occasions assez fréquentes. D'après ce que vous demanderez, on déterminera le moment de votre retour, qui devrait être celui de l'arrivée de la deuxième expédition : il n'y aurait qu'une nécessité absolue qui pût en rapprocher l'époque. Ayez soin, dans vos lettres, de nous indiquer l'espace et la quantité d'objets que vous croirez nécessaire soit pour continuer ce que vous aurez commencé, soit pour commencer de nouveaux travaux. Vous nous direz aussi quel serait le déficit qu'auraient éprouvé vos vivres, et, par conséquent, ce qu'il faudrait ajouter proportionnellement aux envois ultérieurs ; l'incertitude où je suis à cet égard m'a engagé à forcer vos approvisionnements sous tous les rapports ; ajoutez encore à cela quelques détails sur le genre de substance que vous pourriez trouver, et qui tiendraient lieu au besoin de ce qui nous manquerait. Enfin n'oubliez rien de ce qui nous mettrait à même, à l'avenir, de compléter nos opérations le mieux possible.

J'ai calculé le montant de vos marchandises de manière à ce que vous puissiez donner à vos subordonnés douze mois de solde, et à vous laisser encore une somme assez considérable pour subvenir à vos dépenses de vivres, de constructions et frais imprévus. Le tarif de ces marchandises vous sera remis, et vous voudrez bien faire prendre note exacte de ce qui sera délivré. Si pourtant vous jugiez convenable d'employer une partie de ce qui est solde à quelques ouvrages utiles, je vous engage à le faire ; nous aurions soin, au retour, de dédommager chacun autant que faire se pourra.

Je laisse à votre sagacité le soin de suppléer à ce que j'aurais pu omettre dans cette note ; je suis bien assuré que le zèle qui vous anime vous mettra à même de faire ce qui sera le plus convenable pour le bien du service, l'entreprise dont vous êtes chargé est difficile et importante. Ne perdez pas de vue qu'elle vous offre une occasion de rendre à votre pays un service éminent, que le Gouvernement compte sur vous pour justifier les espérances que nous lui avons présentées, et que l'empressement que vous avez mis à accepter cette pénible mission lui donne le droit de compter sur votre entier dévouement. »

Malgré tous les éloges que lui décerne Fleuriau et malgré sa valeur incontestable, le capitaine de frégate de Meslay paraît n'avoir pas compris l'intérêt puissant de cette expédition de Galam, ni avoir eu les qualités pour la réaliser avec constance, énergie et habileté. On verra par la suite que ce sont les jeunes enseignes de vaisseau Dupont et Dussault, continués par Hesse, « les jeunes gens », comme dit Fleuriau dans sa correspondance officielle, qui sont les véritables auteurs de notre établissement dans le haut fleuve. Dès le début, par sa lenteur, de Meslay faillit tout faire échouer.

Parti de Saint-Louis le 17 août, de Meslay, malgré les vents favorables et la hauteur de l'eau, ne quittait Podor (270 km.) que le 1er septembre. Le voyage se poursuivit sans encombre jusqu'à Saldé, escale où l'on devait procéder au paiement des coutumes de passage à l'almamy du Fouta Toro.

A Saldé, l'almamy fit des difficultés pour permettre le passage et, afin de gagner du temps, différa de venir toucher ses coutumes. Il invoquait les fêtes de la Tabaski, ne désirant en réalité qu'un supplément de cadeaux. De Meslay perdit un temps précieux, et se décida, voyant la maladie envahir son monde, à passer outre. Les Toucouleurs ne se livrèrent à aucune hostilité. Au contraire les chefs locaux, furieux contre leur almamy qui les privait ainsi des coutumes, lui firent toutes sortes de représentations. Finalement et après de nombreux palabres, les chefs vinrent à bord, laissèrent des otages, touchèrent leurs coutumes et on se jura amitié « sur l'alcoran ».

L'expédition arrivait à l'embouchure de la Falémé, après 73 jours de navigation, ce qui constitue sans doute le record de lenteur de tous les voyages sur le fleuve depuis des siècles. Un chaland tiré à la cordelle ne met aujourd'hui, aux basses eaux, pas plus de 40 jours.

Le *Postillon* ne resta à l'embouchure de la Falémé que le temps de débarquer ses marchandises et d'embarquer... M. de Meslay gravement malade. « Plusieurs rechutes graves, dit Fleuriau, avaient épuisé ses forces et c'est la conviction de ne plus pouvoir rendre aucun service, plutôt que la certitude d'une mort inévitable, qui l'a déterminé à remettre la direction des opérations à M. de Chastelus, capitaine ingénieur géographe, jusqu'alors épargné par les maladies ». Fleuriau, désireux de mettre en évidence le succès de l'expédition, couvrait de Meslay de fleurs : « M. de Meslay n'est pas encore suffisamment rétabli pour adresser son rapport à Votre Excellence. Je puis dire en résumé que, grâce à sa prudence, et à sa fermeté, l'expédition a parfaitement réussi. Elle a réuni les avantages d'une opération de guerre et ceux d'une mission pacifique, en ce qu'elle a démontré aux Phoules alarmés que nous pouvions naviguer sur le fleuve sans leur assentiment, que toutes les difficultés ont été levées, sans coup férir, et de manière à dissiper les inquiétudes, que l'imprudence et la malveillance leur avait fait concevoir. Aujourd'hui nos relations avec le pays de Fouta sont mieux établies que jamais, et l'entrevue qu'a eue M. de Chastelus avec le chef du pays de Bondou, nous donne lieu d'espérer que les choses s'arrangeront, comme nous l'avions prévu ». S'il avait su ce que devait être ce rapport de de Meslay, il aurait été moins prodigue d'éloges.

Les hautes qualités de de Chastelus, qui remplaçait de Meslay comme chef, donnaient toute confiance à Fleuriau. Cette confiance était, cette fois, pleinement justifiée. Malheureusement Chastelus, n'écoutant que son zèle, se fatigua considérablement. Une dernière course où il fit 80 lieues à cheval, en trois jours et demi dans l'ardeur de la mauvaise saison, le terrassa. Il mourut de la dyssenterie vers la mi-décembre.

Le convoi resta jusqu'à l'extrême limite des eaux, sous la protection du *Colibri*. La traite fut considérable et des plus lucratives. « Les indigènes qui n'avaient point eu de sel depuis longtems, offraient jusqu'à 10 moules de mil pour un moule de sel, ce qui présente pour cet objet un résultat au moins de 50 capitaux pour un. L'or s'y trouvait en abondance ainsi que le coton ».

Le convoi de Galam, toujours sous l'escorte du *Colibri*, rentrait le 18 décembre à bon port à Saint-Louis : « la bonne intelligence régnant partout ».

L'*Argus* et son compagnon restaient donc prisonniers dans le haut fleuve selon les ordres reçus. L'enseigne de vaisseau Dupont, second de l'*Argus*, devenu le chef de l'expédition par le départ de Meslay et la mort de Chastelus, allait procéder à l'installation du poste à terre.

L'emplacement de ce poste venait d'être fixé définitivement par Chastelus sur la falaise de « Bakel », point de la rive gauche sis en aval de Cotéra, désigné dans leurs instructions. Il se trouvait à la limite Nord-orientale de Guoye, sous l'autorité du Tounka de Touabo, mais en quelque sorte, comme on le verra plus loin, sous la suzeraineté de l'almamy de Boundou. Chastelus avait ouvert les premières négociations avec le tounka, et put les mener à bien, avant sa mort. Ce point de Bakel, sis à une quarantaine de kilomètres en aval du confluent du Sénégal et de la Falémé, allait devenir pendant près d'un siècle le siège de notre politique d'apprivoisement et d'expansion, et notre principal comptoir commercial dans le haut fleuve.

A cheval sur le Guoye et le Boundou, en réalité dans le Guoye, mais tout de même sous la suzeraineté du Boundou, face aux Maures Dowiches (Id ou Aïch) de la rive droite, Bakel était fort bien placé, au point de vue fluvial et commercial encore que certains lui reprochassent, à cette date, d'être trop bas, trop loin des Bambara du Kaarta, et peu à même d'arrêter la déviation possible du commerce sur la Gambie. Il est certain que c'est notre poste actuel de Kayes, à 150 kilomètres en amont, qui est devenu aujourd'hui l'emporium du haut Sénégal. Sa ligne politique serait plus délicate : elle consistait à s'appuyer successivement et alternativement sur ces deux Etats, voire sur les Id ou Aïch, et même à l'occasion sur les peuples animistes de l'Entre-Sénégal-Falémé, ce vieux pays de Bambouk, comme disaient nos pères, et du haut Sénégal, le pays de Kayes actuel, ce Galam, non moins célèbre dans nos annales commerciales sénégalaises. Cette politique de bascule n'était pas pour faire peur aux distingués marins Dupont, Hesse, qui vont présider pendant les premières années à notre rétablissement dans le haut fleuve.

Disons pour en finir et pour montrer avec quel soin on cherchait le meilleur et le plus durable des emplacements que jusqu'à l'hivernage de 1820, le choix de Bakel ne fut pas définitif. A cette date encore, une commission composée du lieutenant de vaisseau Leblanc, président, de l'enseigne de vaisseau Hesse, destiné à commander le poste de Galam, de l'enseigne de vaisseau Dupont, commandant le brick l'*Argus* et le poste de Bakel, et du lieutenant de sapeurs Burk O'Farell, était « chargée de chercher un lieu propre à former un établissement militaire et commercial dans le Haut du fleuve Sénégal ». Schmaltz donnait à cette occasion à Leblanc des instructions fort intéressantes, mais qu'il serait trop long de reproduire ici et qui au surplus résument ce que nous savons déjà.

Le 20 septembre 1820, de Bakel même, Leblanc signait son rapport concluant au maintien définitif de ce poste. Voici ce document fort intéressant et qui fixa définitivement le choix du Gouverneur et du Ministre. Il abonde par ailleurs en renseignements politiques fort utiles.

« L'exploration que nous venons de terminer n'a pu s'étendre jusqu'au terme qui nous avait été indiqué par nos instructions ; un obstacle qui n'avait pas été prévu nous a forcés de la borner au village de Moussola, placé à peu près au milieu de la distance qui existe entre Baquel, notre point de départ, et Caignou, celui auquel nous devions nous arrêter.

La rapidité du fleuve, qui ne nous a pas permis de parvenir au del de Dramanet avec le brick l'*Africain*, malgré tous les moyens et les efforts employés pour y réussir, doit nous avoir prouvé évidemment qu'il serait contraire à l'intérêt du commerce et de la navigation de former l'établissement principal au delà de ce point, qui semble, par l'obstacle qu'on y rencontre, devoir limiter la navigation des grands bâtiments. Si le commerce croyait devoir étendre ses relations dans une partie plus élevée du fleuve, il ne pourrait le faire qu'au moyen de très petits bâtiments ou d'embarcations à rames, fort légères, qui pourraient remonter en se tenant toujours très près de l'une des rives ; dans ce cas, un comptoir placé vers le haut fleuve, dans lequel séjourneraient les agents du commerce, pourrait s'occuper de traites avec les Bambaras et les gens de Cassou (Khasso) dont il serait plus rapproché, et ferait parvenir à l'établissement principal les objets provenant de ses traites au moyen de bâtiments légers qui lieraient ce comptoir particulier au comptoir principal.

Nous nous sommes rendus en canot de Dramanet à Moussola : la distance de ces deux points est de quatre lieues ; nous avons employé huit heures et demie pour la parcourir, dans une embarcation légère, marchant bien, conduite par des canotiers forts et agiles et qui imprimaient au canot une vitesse absolue d'au moins quatre nœuds ; et pourtant nous suivions toujours la rive d'aussi près que cela était possible pour échapper à l'action du courant. En revenant, nous nous sommes tenus au milieu du fleuve, les canotiers nageaient pour faire gouverner le canot seulement, et, dans deux heures, nous avons parcouru les quatre lieues qui séparent Moussola de Dramanet :

nous avons pu justement en conclure que le courant avait au moins quatre nœuds 1/2 de vitesse.

Borné à faire connaître mon opinion sur l'étendue des rives qu'il nous a été possible de parcourir et qui se trouvent comprises entre Bakel et Moussola, je le ferai en me renfermant autant que possible dans l'esprit des instructions qui nous ont été données pour guide. De Moussola à Dramanet, la côte est très basse, entièrement inondée dans la mauvaise saison ; une simple berge, fort étroite et fort basse, sépare le fleuve d'une vaste étendue de terrain entièrement couverte par les eaux, lors du dessèchement pendant la haute saison ; ce doit être une cause de salubrité et de mortalité à laquelle succomberaient la majeure partie des Européens qui seraient obligés d'y habiter. Toute cette côte n'offre aucun des matériaux qui seraient nécessaires aux constructions. M. Grandin, ingénieur des Mines, qui a bien voulu nous accompagner, n'a pas trouvé de pierre calcaire dans la petite quantité qu'il a rencontrée, et qui est extrêmement rare.

De Dramanet à Toubabécané, ou fort Saint-Joseph, la berge se continue en s'abaissant à tel point que les villages de Dramanet, Maca Dougou, Macana et Toubabécané, sont à moitié inondés pendant la mauvaise saison, et l'inondation dans le sud au delà de la berge s'étend à une immense distance.

En continuant à descendre, les positions de Faudauca et de Segala offrent les mêmes inconvénients. M. Grandin, par la rencontre de quelques pierres, répandues dans le sol à Toubabecané et Faudauca, a cru pouvoir supposer sur le voisinage de ces lieux l'existence de quelques carrières de pierre calcaire. On parvient enfin à Cottéra, lieu propre à fixer l'attention de la Commission, le seul qui avec Bakel puisse offrir les moyens de s'établir convenablement sous les rapports militaires et sanitaires, et dans le voisinage duquel on rencontre les bois, pierres etc., propres aux constructions.

Je vais vous exposer ce que je pense de ces deux points. Je commencerai par Cottéra.

Cottéra possède un morne isolé d'environ 60 mètres de hauteur, sur le bord du fleuve et dont l'élévation le rend très dominant sur la plaine qui l'entoure. Au pied de ce morne et dans un espace de 150 toises, en remontant le fleuve, il existe un bassin que j'ai fait sonder et qui contenait 45, 42 et 50 pieds d'eau à l'instant où les eaux ont de 35 à 37 pieds d'élévation. Il restera donc, dans la bonne saison, 10,7 et 15 pieds d'eau, ce qui est suffisant pour toutes les espèces de bâtiments qui seront dans le cas d y séjourner pendant toute l'année. Les environs de Cottéra offrent des bois en abondance qui peuvent être utilisés dans les constructions et servir au chauflage. Les pierres semblent avoir été disposées d'avance pour bâtir. Dans le Sud du morne et à son pied, on trouve des pierres amoncelées en différents tas, qui sont prêtes à être employées et qu'il suffit de mettre en place sans nulle préparation. Deux tertres placés dans le S. O. du morne, et qui forment entre eux un angle presque droit, sont à l'abri de l'inondation qui recouvre la plaine et pourraient offrir un emplacement fort convenable à la construction d'un village qui voudrait venir s'établir dans le voisinage du fort. Tels sont les avantages qu'offre Cottéra ; il a, de plus, celui d'être avancé dans le pays de Galam de huit lieues de plus que Baquel et de se trouver à deux lieues au delà de la Falémé. Il fait partie des Etats de Samba Congol ; mais ces dernières considérations me paraissent peu importantes, et je m'en expliquerai incessamment.

Pour s'établir sur le morne de Cottéra, il faudra s'y disposer par des travaux préparatoires, qui dureraient au moins pendant une année ; il serait impossible, pendant la durée de ces travaux, d'y transporter le personnel du poste, actuellement établi à Baquel, et l'on serait obligé d'envoyer un bâtiment mouiller sous le morne pour servir de caserne et de fort à l'officier et aux ouvriers chargés de ces travaux. Ce bâtiment devrait porter également les vivres, outils, munitions, etc., nécessaires à un séjour d'une année.

Ces travaux consistent, au rapport de M. Burke O' Farell,

officier chargé de la direction du Génie, à écrêter le morne pour former une plate-forme où puissent être établis les différents édifices que doit renfermer le fort. Il faudrait abaisser le morne de 25 mètres afin de trouver assez d'étendue à cette plate-forme. Ce seul travail coûterait au moins huit mois de temps, sans compter les retards que les maladies des ouvriers pourraient y apporter. Il faudrait construire un débarcadère et un chemin de communication avec la plate-forme, des hangars, et des cases pour recevoir provisoirement la garnison, les vivres, marchandises, munitions, etc., et l'année suivante seulement, on pourrait commencer les constructions définitives.

Au dessus et au-dessous de Cottéra, le fleuve est barré par deux barres qui le traversent et qui conservent si peu d'eau dans la saison sèche, que les moindres canots ne peuvent pas les franchir ; alors toute communication par eau est interrompue avec Cottéra.

Cottéra est placé au milieu d'un pays extrêmement pauvre en vivres. Les habitants Serracolets, soit par paresse ou par crainte de leurs voisins, les Foulhs de Bondou, qui les oppriment sans cesse, ne cultivent de mil que sur les bords du fleuve, et précisément dans les quantités nécessaires à leurs consommations ; il ne faudrait nullement compter sur eux pour en obtenir dans le cas de besoin. L'impossibilité, pendant une grande partie de l année, de redescendre le fleuve pour s'en procurer plus bas pourrait exposer la garnison à en manquer et à se trouver dans une position très critique.

Baquel offre tous les avantages de Cottéra ; je crois même que sa position doit être plus salubre par son éloignement des marais qui existent dans ses environs. Les travaux d'établissement peuvent y être commencés de suite, la hauteur sur laquelle est actuellement placé le fort offre un plateau d'une étendue suffisante à l'emplacement de tous les édifices nécessaires dans l'ouest à demi-portée de fusil ; il serait facile et très peu dispendieux de l'abaisser ou de construire dessus une petite redoute minée qui en défendrait l'occupation. Les vivres sont faciles à se procurer à Baquel, dans toutes les circonstances ; on en a eu la preuve pendant les deux années qu'y a séjourné la première expédition, qui n'a pas pu en recevoir de Saint-Louis, et qui n'a jamais été exposée à en manquer.

Jusqu'ici Baquel me semble devoir l'emporter sur Cottéra, qui est le seul point qu'on puisse lui opposer. Il reste à envisager ces deux positions sous le rapport des facilités qu'elles peuvent offrir pour les relations à établir avec les peuples de l'intérieur, sur celles d'attirer leurs produits ou de les empêcher de dévier vers la Gambie, et enfin sur l'intérêt que les habitants peuvent trouver à nous voir établir chez eux et à nous y favoriser en profitant de notre présence.

L'Almamy de Bondou, par sa puissance, exerce sur tout le pays des Baqueris, des Guilimakas et des Serracolets une autorité de fait à laquelle tous sont soumis et à laquelle rien ne résiste. Les Baqueris, les Guilimakas sont ses alliés, les Serracolets sont l'objet constant de sa jalousie, et de sa surveillance. Déjà il aurait détruit ce peuple, réduit jusqu'à rien, et dont l'affaiblissement occasionne la nullité, si les Foulhs du Fouta n'y avaient mis opposition, par l'intérêt qu'ils ont à empêcher le Bondou de trop étendre ses conquêtes.

Samba Congol, prince des Serracolets (Guoye), est un prince nul, chez lequel, malgré toute sa bonne volonté pour nous, nous ne pourrions espérer aucun secours en vivres et aucune protection contre les peuples ses ennemis, qui voudraient nous nuire. En lui parlant de la possibilité de nous établir à Cottéra et cherchant à traiter avec lui des conditions auxquelles il nous aurait cédé ce point, au cas où il nous eût convenu, Samba ne nous a pas dissimulé la crainte qu'il éprouvait que nous n'y fussions attaqués, pendant le cours de nos travaux, par les Foulhes du Bondou et son impuissance pour nous protéger dans le cas où cela arriverait. En cherchant à nous attirer chez lui, il ne voit que l'avantage de nous posséder, de faire de nous une protection contre ses ennemis et de trouver dans le commerce le moyen de relever sa fortune détruite ; mais devons-nous entrer dans des considérations d'intérêt, toutes relatives à ce prince, duquel nous n'avons rien à espérer et chez lequel nous pourrions, par l inimitié et la jalousie que lui porte le Bondou, éprouver des obstacles que nous ne rencontrerions pas ailleurs ? Je ne crois pas qu'on puisse avoir une pareille intention.

Au reste, son pays n'offre que le point de Cottera où l'on puisse s'établir en cherchant à aéunir toutes les conditions nécessaires, et si le Bondou veut empêcher les Bambara et les gens de l'Est de s'y rendre, rien ne lui sera plus facile. Ce point ne jouira pas alors de plus d'avantages que Baquel pour les opérations du commerce.

En restant établis à Baquel et faisant avec l'Almamy de Bondou une paix indispensable à l'intérêt du commerce, les marchands indigènes du Bondou, de Bambouc, de Fouta et les maures Dowiches, au milieu desquels l'établissement se trouve placé, arriveront sans obstacle à Baquel et y apporteront leurs produits pour les trafics avec nos marchands. Le passage de la Falémé ne sera un obstacle pour aucun d'eux, puisque cette rivière est guéable pendant toute la partie de l'année où les indigènes se livrent au commerce.

Le comptoir qu'il faudrait établir à Caignou, où l'ancienne compagnie avait établi le sien, achèvera l'exploitation de tout le commerce du fleuve, qui, je crois et le dis en passant, devrait être remis aux mains d'une compagnie, seule capable des frais d'établissement qu'il exige, et aussi pour éviter toute concurrence qui est toute en faveur des indigènes et infiniment nuisible à nos intérêts.

Lorsque nous nous sommes établis à Baquel, l'Almamy de Bondou y a donné son consentement, quoiqu'il n'eût aucun droit à revendiquer sur la possession de ce point ; mais son influence est telle que le Tunca de Tuabo n'aurait pas voulu faire cette cession sans l'assentiment de l'Almamy. Pour nous établir à Cottéra, il ne serait pas prudent d'agir autrement ; mais on pourrait trouver plus de difficultés de la part de l'Almamy, qui nous verrait avec peine quitter un de ses alliés pour aller nous établir chez un de ses ennemis. En quittant Baquel, nous nous aliénerions le Tunca et tout le pays des Baqueris, chez lesquels seuls nous trouvons cette précieuse ressource en mil qui serait perdue, et sur laquelle il ne faudrait plus compter pour les cas de besoins à venir ; et puisque le commerce peut affluer avec la même facilité à Baquel qu'à Cottéra, pourquoi se déciderait-on à abandonner ce poste pour l'autre, lorsque surtout il offre quelques avantages de localités qu'on ne rencontre pas à Cottéra ?

Tous les peuples qui bordent les rives du Sénégal se ressemblent sans beaucoup de distinction de caractère. Ils sont tous fourbes, intéressés, grands palabreurs et très adroits à dissimuler leur pensée ; on ne doit faire aucun fond sur leurs vaines protestations d'attachement ; ils ne sont réellement attachés qu'à leurs intérêts ; tous désirent nous fixer chez eux, parce que notre présence et celle des étrangers, que notre commerce attire, leur sont également avantageuses. Ce plus ou moins de témoignage d'attachement de la part des uns ou des autres ne doit point en imposer, et ne doit surtout être pris en nulle considération. Notre choix doit s'arrêter dans le pays qui nous offre le local le plus commode, le plus de facilité et de proximité pour nos opérations de commerce et le moins de chances de tracasseries de la part des voisins de notre établissement.

Je conclus en faveur de la position de Baquel, que je crois la plus convenable aux vues qu'on se propose ».

III

Le *Colibri*, qui escortait le convoi, à son retour, a laissé l'*Argus* à Baquel dans le pays de Bondou. C'est à cet endroit que ces Messieurs ont cru devoir s'établir. On a commencé à bâtir sur une hauteur qui domine un vaste bassin, où nos bâtiments trouveront en toute saison, la quantité d'eau nécessaire pour flotter et se rapprocher au besoin de l'un ou de l'autre côté. La situation politique du Roi de Galam venait d'éprouver de grands changements. Depuis peu, Semba Congol s'était réuni aux Bambara pour attaquer le pays de Bondou et de Fouta. Battu par ses ennemis, abandonné par ses alliés, il s'est trouvé réduit à la possession du village de Mackana, et par conséquent hors d'état, quant à présent, de nous aider dans nos opérations. Il eut été bien facile de remonter jusqu'à nos anciens établissements : mais on a pensé, que ce serait le risque d'indisposer inutilement les deux almamys, qu'il était intéressant de ménager, et trouvant dans le pays de Bondou les mêmes avantages de commerce et de culture, et un excellent mouillage pour les navires, on s'est décidé à y revenir. On a acheté des terrains à Baquel, et on y attendait les caravanes de l'intérieur. »

C'est par ces mots que Fleuriau rend compte au Ministre, le 13 janvier 1819, des premiers jours du poste de Bakel, installé au début de décembre précédent.

L'année 1819 va se passer tout entière, sous le commandement de l'enseigne Dupont, chef du poste, et de l'enseigne Dussault, commandant de l'*Argus*, dans l'installation matérielle dont le détail n'offre aucun intérêt. Sous la direction des deux marins, les premiers bâtiments sortent de terre, et le Génie de Saint-Louis, grincheux suivant les traditions, y trouve des malfaçons : angles trop aigus, manque d'air, etc. Les constructions n'avancent que lentement, ce qui n'est pas sans inquiéter Schmaltz, qui craint que les casernes (briques du pays et toitures de chaume) ne soient pas prêtes pour l'hivernage de 1819, époque où arrivera la garnison. Ces craintes étaient vaines : la garnison, comme on le verra, ne vint pas à Bakel cette année-là.

Dupont prend contact et noue d'excellentes relations

avec ses voisins, les Toucouleurs du Fouta et du Boundou, les Sarakollé du Guoye, les Bambara du Kaarta, et enfin les Maures Id ou Aïch de la rive gauche, qui, heureux d'avoir enfin une escale où ils puissent librement commercer, commencent, dès le premier jour, à fréquenter Bakel et à y apporter leurs gommes et leurs troupeaux.

Il convient ici de donner quelques détails sur la puissante considération maure des Id ou Aïch, les « Dowiches », comme on disait alors, dont les multiples campements nomadisaient sur la rive droite du fleuve jusqu'au Tagant et qui allaient devenir et qui sont demeurés les grands pourvoyeurs de gomme de Bakel.

Les Id ou Aïch sont, de leur aveu, d'origine berbère. Ils en portent toujours le nom, puisque leurs voisins du nord, les Kounta, comme ceux du sud. les Chorfa et les Tajakant, leurs voisins de l'est, comme ceux de l'ouest, les appellent communément les « Zenaga ». Quand on parle de « la tribu Zenaga » par excellence (Çanhadja), dans la Mauritanie comme dans le Hodh, c'est des Id ou Aïch qu'il s'agit.

C'est qu'en effet il n'y a guère qu'un siècle et demi que les descendants des Almoravides, asservis aux XVe et XVIe siècles par les bandes hassanes des invasions arabes, ont recouvré leur indépendance.

Ce n'est pas le lieu de faire en détail l'historique des Id ou Aïch ; on ne trouvera ici qu'un résumé indispensable des faits, destiné à comprendre la situation politique de cette tribu, lors de l'occupation de Bakel[1].

Tout au début du XVIIIe siècle, les Id ou Aïch, nom-

1. Cf. pour plus de détails : Paul Marty. *Les tribus des confins de la Mauritanie et du Soudan*, Paris, Leroux. (Collection de la *Revue du Monde Musulman*.)

breux, riches et guerriers, mais fractions asservies aux guerriers et marabouts voisins, commencent à s'agiter. Mohammed ould Khouma, leur chef, est l'instigateur de ces troubles, où l'on sent venir la future indépendance. Ses successeurs, Amar, puis Bakar, fils d'Amar, continuent sa politique, sans que les Hassanes, maîtres politiques du pays, à savoir les Oulad Mbarek, puissent s'opposer à cette fermentation.

C'est Mohammed Cheïn, d'illustre mémoire, fils de Bakar, fils d'Amar, qui leva l'étendard de la révolte vers 1750. A un siècle de distance, on assistait à une nouvelle phase de la lutte des populations berbères contre les envahisseurs arabes ; mais cette fois, les Berbères, moins confits en islam, mieux armés, plus unifiés, mieux commandés qu'au temps des imams du ch[illegible] Bouba[illegible] (1630-1674), allaient conquérir la victoire, se dégager de tout tribut et de tout lien de vasselage, et fendant leurs suzerains Ouled M'Barek en deux, en rejeter une partie, fort amoindrie et presque épuisée, vers Nioro et Ballé, où on la retrouve aujourd'hui en miettes, et refouler l'autre partie, à peu près anéantie, et devenue les Oulad Roulzi et les Askeur, vers le haut Sénégal, où on les retrouve aujourd'hui, dans le cercle de Kayes, mélanisés, sédentarisés, n'ayant plus rien d'arabe et même de blanc, que la tradition et le nom. Cette lutte dure environ de 1750 à 1800.

Mohammed Cheïn, ayant réuni à Dechnaïkat, à 20 kilomètres au sud de Tijikja, tous ses contingents Id ou Aïch, refusa de payer le tribut aux chefs Oulad Mbarek et Oulad Nacer, dont il dépendait. Ceux-ci se concertèrent et vinrent camper près d'eux et les bloquer. Cette situation dura quatre mois, sans combat.

Comprenant que, seul, il ne pourrait pas tenir tête

aux Arabes aguerris et spécialisés dans le métier des armes, Mohammed Cheïn chercha des alliances dans le camp arabe. Il s'adressa aux Oulad Abd Allah du Brakna, anciens rivaux des Oulad Mbarek, et toujours ennemis à l'occasion. Il eut la bonne fortune de voir l'émir des Oulad Normach, Ahmed ould Heiba, venir à son secours et immobiliser la plupart des forces hassanes.

Mohammed Cheïn saisit aussitôt l'occasion et écrasa en en détail, à la faveur des dissensions arabes, les différentes fractions ennemies : les Oulad Mbarek d'abord, les Oulad Nacer ensuite. Il sut même se dégager de l'emprise des Oulad Abd Allah qui, à ce moment-là (1766-1780), pour son bonheur, se scindaient en Oulad Normach et Oulad Siyed, et voyaient le commandement passer des premiers aux seconds.

Mohammed Chein mourut vers la fin du XVIIIe siècle, laissant cinq fils, qui sont les ancêtres des tentes princières actuelles : Mohammed, ancêtre des Abakak ; Mokhtar, Eli, Bou Sif et Sidi Lamin, ancêtres des Chratit. Il avait assuré complètement l'indépendance de son peuple. « Il « laissait à son fils aîné et successeur, Mohammed, un « peuple libre, grandissant chaque jour en nombre, « s'enrichissant des tribus maraboutiques, qui venaient « se placer sous la protection de ses guerriers, et des « tributaires qu'à leur tour ils recueillaient au cours de « leurs conquêtes ».

Mohammed maintint pendant de longues années sous son autorité toutes les fractions, qui formaient alors le peuple Id ou Aïch. Il ébaucha, par l'intermédiaire des Brakna, les premières relations commerciales avec les Anglais, puis avec les Français, qui les remplacèrent en 1816. Jusqu'alors c'est à l'escale des Brakna, soit le Terrier-Rouge, soit Podor, que les Id ou Aïch portaient leur gomme. La défection inattendue d'Ahmeddou, émir des Brakna, au début de 1820, son alliance avec notre ennemi, Amar Ould Mokhtar, émir des Trarza, et avec les Foules (Toucouleurs), sa précipitation à l'attaque de Dagana et à la tentative d'expulsion des Français du Oualo décidèrent Schmaltz à rompre avec une coutume, vieille de deux siècles, et à élargir le champ du commerce.

Le poste de Bakel venait d'être installé. Dès les premiers jours, le Commandant du poste nouait d'excellentes relations avec les Id ou Aïch, ses voisins du Nord. Schmaltz disait au ministre, le 27 mars 1820, en parlant de Bakel : « Son alliance avec les Dowichs le garantit des attaques des Maures ».

Il y avait mieux encore. Schmaltz fit prévenir Mohammed ould Mohammed Cheïn que « désormais, à partir de cette année, les produits de son pays seraient traités chez lui ». « Les avantages que les nouvelles dispositions lui « assurèrent, ajoute Schmaltz dans son rapport au « Ministre, et sa guerre avec Hamet-dou nous sont « garants de son empressement à réunir et à faire porter « à notre établissement toute la gomme récoltée dans le « haut pays ».

Les vues du Gouverneur se réalisèrent. Dès 1820, l'émir gagna, suivant la politique de Schmaltz, « tout ce que Hamet-Dou devait perdre ». De ce jour et jusqu'à notre occupation effective du pays, Bakel a été une très importante escale du haut fleuve, et aujourd'hui encore, où pourtant les conditions ont changé, elle est toujours le centre commercial préféré des Chratit.

Mohammed ould Mohammed Cheïn suivait encore les vues de Schmaltz, en soutenant notre allié, Mohammed ould Eli-Kouri, prétendant trarza. « Hamdoul Kouri, héritier légitime du dernier Roi », comme l'appelle Schmaltz, en hommage à un principe, qui était alors sur le trône de France, revendiquait, en sa qualité de fils de l'émir Eli Kouri, tué en 1786, la culotte blanche de l'émirat des Trarza. Il fut notre allié dans la lutte contre Amar, alors sur le trône, et contre Ahmeddou, l'émir brakna. On avait mis à sa disposition quelques barques « bastinguées et armées », avec lesquelles il assaillait ses ennemis sur tous les points du fleuve. Entre temps, il se retirait chez les Id ou Aïch, où il se reposait et levait des contingents. On le vit même à plusieurs reprises à Bakel, où Dupont lui fit bon accueil, et son amitié avec les Français ne contribua pas peu à l'ébauche des relations qui se nouèrent dans ce poste, à cette date, avec les chefs Id ou Aïch. Hamdoul Kouri devait périr en 1827, dans un combat contre les Oulad Agcheir, sans avoir pu faire triompher ses droits.

Nous voyons par une lettre du 17 juin, de Schmaltz à l'enseigne Dupont, que déjà, à cette date, les Id ou Aïch vivaient en mauvais termes avec les dynasties sarakollé des Bakiri du Guoye. « Tant qu'il n'en résultera pas « d hostilités susceptible de nuire à notre commerce, lui « écrit-il, les rixes constantes entre les Dowichs et les « Bakiris ne paraissent pas assez importantes pour que « vous travailliez à les faire cesser. Comme vous l'obser- « vez très bien, les guerres n'empêcheront pas les mara- « boux d'aller partout, par conséquent, notre commerce « n'en souffrira pas, et c'est tout ce qu'il nous faut pour « le moment ». Il était sage en effet de ne pas s'immiscer dans les querelles locales, tant qu'on n'avait pas le pouvoir de les faire cesser. C'est la ligne politique qui sera rigoureusement tracée aux premiers commandants du poste.

Il était heureux que les Français eussent assez pris pied dans le pays pour pouvoir vivre en paix et subsister avec les ressources locales, car, en partie par la faute de l'administration centrale de Paris, en partie par les difficultés que créèrent les Toucouleurs sur le fleuve, l'expédition de Galam allait complètement échouer cette année-là.

Le ministre avait promis, l'année précédente, à Schmaltz, alors à Paris, des bateaux à vapeur. Depuis 1812, année où le premier de ces engins avait navigué sur la Clyde, sept ans s'étaient à peine écoulés et déjà les « machines à feu » se répandaient sur les mers et sur les fleuves. Schmaltz en avait vu tout de suite l'intérêt pour la navigation sur le fleuve Sénégal, et sur les promesses ministérielles, il comptait bien que l'expédition de Galam de 1819 se ferait par les nouveaux bateaux. Aussi, grande fut sa déception, quand il apprit en mai que les bateaux ne seraient là qu'en fin d'hivernage.

« Il eût été difficile dans les circonstances actuelles, écrit-il au ministre, le 2 juin, d'apprendre une nouvelle plus faite pour contrarier nos projets. Après avoir conclu les traités qui levaient toute entrave à l'exécution du projet de colonisation, il était instant d'agir sans perdre de tems ; de consolider l'établissement de Galam ; et de complétter, après ce commencement, l'ensemble par une expédition propre à donner aux peuples de la rivière une juste idée de notre force. Ce retard dérange tous mes calculs et m'afflige d'autant plus qu'ayant eu à regretter une année de travail par suite des circonstances qui ont prolongé mon absence, j'avais lieu d'espérer que désormais rien ne pouvait plus m'arrêter dans ma marche. Depuis mon arrivée, je me suis efforcé de réparer le tems perdu. J'ai tenu ce que j'avais promis et me voilà arrêté dans mon premier moyen d'exécution.

« Cependant il ne serait ni prudent ni politique de différer jusqu'à l'année prochaine l'établissement définitif de Galam. Par les soins actifs et industrieux des deux jeunes gens, qui commandent dans le haut du fleuve, des logemens et des magasins ont été préparés pour recevoir notre expédition, ainsi qu'un petit fort, qui assure pour le moment une protection suffisante : on ne peut songer à abandonner des travaux aussi importants. D'un autre côté, je ne puis me décider à employer les moyens ordinaires pour y envoyer une garnison nombreuse : les inconvénients d'une longue traversée, qui retentissent sans doute encore en France, et plus encore, la mortalité; qui peut en résulter, ne manqueraient pas de jeter du découragement sur notre entreprise et de nuire à son exécution. Dans cette alternative, le seul parti est, je pense, d'envoyer incessamment un bâtiment avec peu de monde et quelques ressources, et de compter sur les promesses de Votre Excellence, pour accélérer le départ des bateaux à vapeur de manière à ce que nous puissions les avoir encore assez à tems pour les expédier cette année. »

A la fin de juillet, l'expédition provisoire annoncée se mettait en route ; elle consistait en un seul bateau de la colonie emportant pour Bakel les approvisionnements indispensables.

En même temps, on préparait à Saint-Louis l'expédition définitive, de façon à être prêt quand les bateaux à vapeur arriveraient. Hélas ! il fallut peu à peu se rendre compte qu'ils ne seraient jamais là à temps. Pendant cette vaine attente, le temps opportun s'écoulait, de sorte que lorsque Schmaltz, assuré qu'il ne pouvait plus compter sur les vapeurs, organisa son expédition avec des voiliers et des goélettes locales, il était déjà trop tard : les eaux commençaient à baisser. Ces divers contretemps si fâcheux allaient faire échouer l'expédition.

La situation politique du Fouta était tout à fait mauvaise : depuis la déposition de l'almamy Youssoufou, l'anarchie avait régné plus d'un an. On venait enfin de procéder à l'élection d'un nouvel almamy, Ibrahima, dit

Biram, mais il n'avait pas l'autorité nécessaire pour se faire obéir, et les lettres que lui écrivait Schmaltz, pour lui annoncer le passage de l'expédition, restèrent sans effet. D'ailleurs Youssoufou n'avait pas abandonné toute prétention.

L'expédition partit le 18 septembre. Elle comprenait la goélette de la colonie l'*Elisa*, chargée du personnel militaire et civil, et des présents et coutumes à distribuer dans le voyage ; de deux bricks du commerce l'*Adèle* et les *Trois-amis*, chargés du matériel et des approvisionnements du poste ; et enfin de quatre goélettes du pays, chargées de divers matériaux.

Ce personnel, destiné à Bakel, comprenait 31 sous-officiers et soldats, et deux officiers, dont l'un, le lieutenant Godard, fort apprécié par Schmaltz, quoique nouvellement arrivé dans la colonie, était le chef de convoi et devait relever Dupont de son commandement. A cette garnison étaient joints Letellier, commis de marine, chargé de l'administration de Bakel, ainsi qu'un expéditionnaire pour ses ordres, et deux chirurgiens majors. Le capitaine Oblat, du génie, et l'ingénieur Grandin s'embarquaient aussi : le premier pour achever la construction du fort et des bâtiments, le second pour continuer les explorations dans l'intérieur, entamées par Brédif et de Chastelus. Le commerce local avait joint, bien entendu, à la flotte officielle ses goélettes, chargées de marchandises.

Schmaltz, qui souffrait déjà de ces retards, des frais considérables effectués pour l'affrètement de ces bateaux dans le commerce, de l'impossibilité avec ces moyens réduits de mettre Bakel sur le pied qu'il avait projeté, et enfin de la carence de l'effet moral qu'il avait escompté, par la présence de bateaux à vapeur, Schmaltz, dis-je, apprit avec inquiétude, dans les premiers jours d'octobre, que des incidents fâcheux s'étaient produits en route. Les soldats, qui, entassés sur une goélette, s'ennuyaient et souffraient de cette traversée, se livraient à des « actes regrettables » : pillages de vivres, rixes, imprudences sanitaires. Godard manquait de commandement. La discorde s'infiltrait dans les relations entre les diverses autorités du convoi.

C'est dans ces conditions qu'on parvint au seuil de Saldé, le 24 octobre. Godard avait l'ordre, vu l'état des eaux, de ne séjourner là au maximum que quarante-huit heures, et de continuer sa route. Si les coutumes n'avaient pas pu être payées à l'almamy du Fouta pour une raison ou pour une autre, elles le seraient au retour. L'almamy était averti. Godard commit la faute « de s'y laisser amuser treize jours, avant de se déterminer à passer outre ». Pendant cet intervalle les eaux avaient baissé de dix pieds. Lorsque les bâtiments, après avoir payé les coutumes, voulurent continuer leur route, ils furent attaqués au village d'Avallé par les naturels qui s'opposèrent à leur passage. Il était possible de passer, mais il fallait désormais continuer à la cordelle, ce qui n'allait pas sans difficulté, s'il fallait livrer bataille ; on ne savait pas si, Bakel atteint, l'on pourrait revenir à Saint-Louis. « Par la mauvaise conduite des militaires, on avait déjà perdu douze Européens, et on avait une grande quantité de malades ». Pour toutes ces raisons, la flotte fit demi-tour et arriva, le 19 novembre, à Dagana où Schmaltz, qui venait procéder aux premières plantations, eut la douleur de la trouver.

Le bateau à vapeur était enfin arrivé le 1er novembre : c'était le *Voyageur*, convoyé par le brick le *Silène*. Ils amenaient par surcroît un hôte inattendu, le baron de

Mackau, que le Ministre, pris entre Schmaltz et de Meslay, envoyait inspecter la colonie et se rendre compte de la valeur du fameux plan de colonisation. Schmaltz et Mackau utilisèrent aussitôt ce premier « bateau à feu », qui voguait sur le Sénégal, pour venir à Dagana en 52 heures. Arrivés le 21 novembre, ils trouvèrent le convoi à l'ancre depuis l'avant-veille.

Il s'agissait d'assurer sans retard le ravitaillement de Bakel. Schmaltz conçut le projet hasardeux de le faire par des caravanes des Brakna, montées spécialement à cet effet, et qui emporteraient, par la rive maure, les objets les plus indispensables à la vie du poste jusqu'à l'expédition prochaine. La première serait uniquement composée de Maures. A la seconde pourraient être joints des Européens, et notamment le commis Letellier et un chirurgien. A cet effet, il entra aussitôt en pourparlers avec Mokhtar Boubou, ministre de l'émir Ahmadou, des Brakna, et écrivit à cet émir lui-même. Ces tentatives échouèrent. La lettre que le 6 janvier 1820 il écrit à Dupont résume bien la situation :

« J'avais envoyé le capitaine Courau à Podor pour négocier avec Hamed-dou, roi du Brackna, la formation et l'envoi de la caravane que je vous avais annoncée. Votre opinion sur les résultats de cette opération, les craintes que la guerre entre Hamed-dou et les Dowichs nous donnaient lieu de concevoir, le refus des maraboux, chargés de la conduite de la caravane, de nous remettre leurs enfants comme otages et surtout la confiance que m'ont inspirée les mesures prises par vous pour assurer votre approvisionnement jusqu'à la prochaine expédition, m'ont fait renoncer au projet que j'avais conçu. Je n'ai fait partir que les médicaments, indiqués sur votre note. J'ai tout lieu d'espérer qu'ils vous arriveront heureusement et aussitôt que cette lettre. Soyez persuadé, Monsieur, que j'apprécie comme ils le méritent les motifs généreux qui ont déterminé votre renonciation aux ressources, dont je me proposais de hasarder l'envoi, et je reconnais toute l'étendue de votre dévouement. N'ayez aucune inquiétude relativement aux otages de Fouta. J'avais prévu l'effet que devait produire dans leur pays leur détention à Saint-Louis. Ils continueront d'être soumis à la surveillance la plus exacte et ne seront relâchés qu'après l'expédition des hautes eaux prochaines.

« Les dernières nouvelles qui nous sont revenues du pays de Fouta Toro annoncent des divisions entre les Foulles, divisions qui contribueront à assurer notre tranquillité ; le pays de Toro aspire à être indépendant ; celui de Fouta est partagé entre l'almamy Biram et l'almamy Youssouf. L'approche du Bambara, si cette nouvelle se confirmait, amènerait sans doute des changements dans la situation actuelle du pays de Bondou et de Fouta. Transmettez-moi vos idées à cet égard. Ces premiers nous sont encore peu connus ; plus rapproché d'eux, vous devez avoir sur leurs mœurs, leurs coutumes, leurs projets des notions plus précises, dont il serait utile d'être instruit. Des observations, même minutieuses, sur cet objet ne peuvent manquer d'avoir beaucoup d'intérêt. »

Schmaltz écrivait en même temps diverses lettres aux chefs du pays : à ceux du Fouta pour leur reprocher leur perfidie, à Mohammed Chein, émir des Id ou Aïch, pour expliquer l'insuccès de l'expédition, et lui faire des promesses, à Samba Congol, tunga du Guoye, pour lui faire prendre patience, au chef et aux notables bambara du Kaarta enfin, pour voir ce qu'il pouvait en attendre dans une pression à exercer éventuellement sur le Boundou et le Fouta. Ce changement d'attitude politique, qui pouvait nous entraîner loin, n'était pas sans causer de l'inquiétude à Schmaltz. Il recommandait à Dupont, en lui envoyant sa lettre, de n'en faire usage que si sa prudence le jugeait nécessaire et il lui signalait que les

Bambara « étaient une ressource dont il ne faudrait user qu'à la dernière extrémité ».

Dagana, 22 novembre 1819.

AU ROI ET AUX PRINCIPAUX CHEFS DU BAMBARA.

« Je vous avais écrit, l'année dernière, pour vous engager à ne point faire la guerre aux pays de *Fouta* et de *Bondou* et je vous avais promis en même temps que j'enverrais à Galam assez de bâtiments et de marchandises pour que vous puissiez, ainsi qu'eux, partager notre commerce. Fidèle à tenir tout ce que je promets, j'avais fait uue grande expédition ; mais les gens du Fouta, qui veulent tout pour eux, ont cherché à retenir mes bâtiments pour que les basses eaux les empêchent de passer et ils les ont forcés à revenir au Sénégal. Cette perfidie de leur part retardera jusqu'à l'année prochaine nos relations avec vous et je vous écris pour que vous ne puissiez pas croire que j'ai manqué à ma parole.

La perfidie des Foulhes et la mauvaise conduite des gens de Bondou envers les Français, qui sont à Baquel, ne méritent pas les soins que j'avais pris de vous détourner de porter la guerre chez eux. Cependant, comme c'est toujours un fléau qui nuit à la prospérité des peuples, je ne regrette pas ce que j'ai fait pour eux et je vous sais le même gré de votre modération ; mais s'ils entreprenaient quelque chose contre les Français qui sont à Baquel, je vous engage, à la première demande du Commandant, à entrer dans le pays, et aux hautes eaux prochaines je m'y rendrai avec des forces pour me joindre à vous. Mon expédition sera telle que rien ne pourra l'empêcher de passer : Alors vous ne manquerez plus de marchandises et tous les ans vous me verrez tenir fidèlement ce que je vous ai promis. »

L'attitude du Fouta fut telle qu'il fallut s'engager définitivement dans la voie des armes. En février 1820, Schmaltz, espérant que des négociations bien conduites pourraient amener la paix, se rendit à Podor, mais il ne put arriver à entrer en conférence avec l'almamy qui refusait de monter à bord. On apprit entre temps qu'un petit bâtiment, commandé par l'élève de Mortemart, avait été attaqué par les gens du Toro.

Cette trahison mit fin aux pourparlers et Schmaltz redescendit sur Dagana. En ce point, les craintes les plus vives l'assaillirent un moment, tant pour Dagana que l'almamy du Fouta menaçait d'attaquer, et dont, en attendant, il ravageait les environs, que pour Bakel qui se trouvait aussi livré à ses propres et minimes moyens.

Dans le Oualo, Schmaltz défendit ses concessions agricoles avec énergie : il courut sus aux bandes indigènes, chaque fois qu'il put le faire avec avantage, et entre temps envoyait le « bateau à feu » faire ses premières armes, en brûlant les villages riverains.

Dans le haut fleuve, il engage Dupont à s'allier franchement avec les Bambara et les Id ou Aïch. Les Bambara marcheront sur le Boundou et le Fouta et mettront à mal les Poules ; les Id ou Aïch incursionneront chez les Brakna, pour avoir trahi notre cause et s'être joints à nos ennemis noirs. Pour Schmaltz, il prépare une forte expédition qui, aux premières hautes eaux, remontera, puissamment armée, le fleuve et achèvera la déroute des ennemis. C'est dans ce sens qu'il écrit à l'émir des Id ou Aïch, au roi des Bambara, et au tunka des Sarakollé de Galam (mars 1820).

IV

Le poste de Bakel d'ailleurs ne courait aucun risque : l'amitié du tunka de Makhana, Samba Congol, son alliance avec les Maures Id ou Aïch et le roi bambara du

Kaarta le garantissaient contre les attaques possibles des deux almamys du Fouta et du Boundou. Une seule chose était à déplorer : le ralentissement des relations commerciales, par suite de l'échec de l'expédition précédente et du défaut de marchandises. Il est vrai que, par des mesures de fortune, on s'ingéniait à ne pas interrompre le cours de ces relations, si heureusement nouées, et que les indigènes s'y prêtaient eux-mêmes avec confiance, apportant gomme et produits, dans l'attente et sur le crédit du nouveau convoi.

Il importait au plus haut point que l'échec de l'année précédente ne se renouvelât pas. Aussi, dès le mois de mai, Schmaltz se préoccupe-t-il de l'organisation de l'expédition. « Elle partira dans les derniers jours de juillet, écrit-il au Ministre. Je la composerai de manière à ce que non seulement elle puisse franchir le passage d'autorité, mais encore, au retour, venger les attaques qu'elle aurait essuyées, et même faire aux gens de Fouta assez de mal pour qu'ils nous redoutent à l'avenir et que nous terminions une paix avantageuse et durable ».

L'expédition partit en effet de Saint-Louis, le 5 août 1820, aux premières hautes eaux. Elle se composait des deux bateaux vapeurs, le *Voyageur* et l'*Africain*, celui-ci enfin arrivé le 12 mai ; de la gabarre la *Ménagère*, du brick le *Postillon*. et des goélettes la *Comba* et la *Maria*. Pour la première fois, sur les eaux du Sénégal, de Saint-Louis à Bakel, voguaient des « bateaux à feu ». Nous y reviendrons. Elle comprenait 10 officiers, 37 sous-officiers et soldats européens et 114 indigènes.

L'expédition était commandée par le lieutenant de vaisseau Leblanc, commandant l'*Africain*. Elle emportait l'enseigne de vaisseau Hesse, désigné pour succéder à Dupont dans le commandement du poste de Bakel.

Hesse, jadis à l'Etat-Major de Schmaltz, avait été désigné, au début de 1820, pour commander le poste et le brick stationnaire de Dagana. Schmaltz, qui le jugeait « prudent, conciliant et ferme », déclarait à cette date qu'il le détachait de sa personne « avec un véritable regret ». Cette heureuse opinion était méritée, et Hesse, après s'en être montré digne à Dagana, devait le justifier entièrement à Bakel.

Il emportait les instructions suivantes :

« Je vous ai plusieurs fois entretenu des vues du Gouvernement sur notre établissement dans le haut du fleuve. Je vais vous les rappeler ici sommairement, et vous faire en même temps connaître notre position actuelle dans le pays de Galam, les voies principales que vous aurez à suivre et les moyens qui sont mis à votre disposition pour parvenir au but que les vrais intérêts de notre pays nous font un devoir de rechercher de tous nos efforts, et que les avantages de notre position sur le Sénégal nous permettent d'atteindre avant tous les peuples que le même projet occupe.

L'intérieur de l'Afrique est encore peu connu : toutefois, il n'existe plus de doutes sur sa nombreuse population, la richesse des produits qui peuvent en être extraits, et les avantages immenses qui résulteraient de l'établissement de relations commerciales suivies entre les peuples qui l'habitent et une nation européenne. Depuis longtemps le monopole de ce commerce est, à peu près, entre les mains des Maures des côtes de la Méditerrannée et de la mer Rouge, leurs marchandises, achetées de seconde main et à de très hauts prix, transportées par leurs caravanes, avec des frais énormes, par une route longue et périlleuse, alimentent tous les marchés de l'intérieur, et s'y sont placés à des prix qui laissent encore au marchand un ample dédommagement des avances par lui faites, et des dangers qu'il a courus ; les bénéfices que devaient apporter le monopole ou le partage seulement de ce commerce ont attiré l'attention du Gouvernement (que les succès, obtenus autrefois dans les mêmes lieux par la compagnie française des Indes, ne permettent pas de regarder comme incertains). Les avantages, dont devait être, pour notre commerce, une position à trois cents lieues dans les terres, sur un fleuve navigable, non loin des grands entrepôts de l'intérieur, au milieu de peuples amis ayant déjà des relations suivies avec ces marchés, lui ont fait regarder, comme le plus sûr moyen d'arriver promptement et sûrement au but de ses recherches, l'établissement, dans le haut du fleuve, d'un poste central, autour duquel des comptoirs intermédiaires, progressivement formés, assuraient bientôt à notre commerce l'approvisionnement de cette partie de l'Afrique.

Une autre considération non moins importante et se rattachant plus directement au plan de colonisation, adopté pour le Sénégal, a rendu nécessaire un établissement dans ces contrées. Placées entre les peuples et les Bambaras, sur l'industrie agricole et commerciale desquels se basent, en partie, les succès attendus de la colonisation, nous devenons naturellement médiateurs entre ces deux peuples rivaux et ennemis naturels ; nous rétablissons entre eux la paix nécessaire au développement de leur commerce et de leur agriculture : tenant dans nos mains la balance de leurs intérêts, pouvant la faire pencher suivant les nôtres.

Nous acquérons les moyens de fixer l'inconstance des Poules, et d'assurer nos rapports avec eux : enfin tout en étendant nos relations chez leurs rivaux, nous nous ménageons le rôle le plus avantageux, et le plus sûr, celui d'arbitre de leurs querelles et de protecteur de leurs droits mutuels.

C'est dans le dessein d'acquérir ces avantages que furent expédiés en 1818, sous les ordres de M. de Meslay, capitaine de frégate, les bricks l'*Argus* et le *Postillon* et l'aviso le *Colibri*. Vous avez eu connaissance des contre-temps éprouvés par cette expédition, longtemps arrêtée à Saldé, à Diguiélogne ; elle arriva tard dans le haut du fleuve. La plus grande partie des

Européens qui la composaient étaient malades ; M. Demeslay lui-même fut obligé de descendre promptement à Saint-Louis. et M. Chastelus, capitaine ingénieur géographe, à qui il avait laissé le commandement, succomba peu de temps après ; c'est au milieu de ces circonstances que le village de Baquel fut choisi comme le point le plus convenable à l'établissement d'un poste ; des observations d'un grand poids que je vous ferai connaître dans une instruction particulière, m'ont porté à penser que Baquel remplissait mal les vues du Gouvernement ; une commission dont vous ferez partie sera chargée d'examiner cette question. Toutefois, grâce à la conduite prévoyante et ferme de M. le Commandant Dupont, le séjour de notre expédition sur ce point, s'il n'a point produit au commerce les avantages pécuniaires qu'on avait espérés, nous a du moins montrés d'une manière convenable aux habitants du pays, et a préparé, et en quelque sorte assuré, les succès de l'avenir.

Sur la rive droite, les Maures Dowiche, tribu nombreuse, propriétaires de forêts de gommes, qui peuvent fournir des quantités considérables de ce produit, sont les alliés, les amis de notre poste ; leur Roi et particulièrement son fils, paraissent sincèrement désirer avec nous des relations suivies.

Sur la rive gauche les habitants de Boundou ont vu avec peine notre établissement se former au milieu d'eux, ils ont suscité toutes les difficultés qui lui pourraient nuire plusieurs fois ; ils ont tenté secrètement de nous le faire abandonner ; le respect que M. Dupont a su leur inspirer a garanti notre poste ; ils paraissent résignés à nous y voir. Mais leur caractère inconstant, les facilités que donne à leurs chefs, pour les faire mouvoir contre nous, la différence de la religion, présenteront longtemps encore, dans nos relations, d'autant plus de difficultés, que, pour les plus voisins d'eux, nous paraîtrons davantage en dépendre, pour les approvisionnements de notre poste.

Plus loin, les Saracolets nous appellent. Sambat Congol, chef d'une de leurs tribus, attend avec impatience le moment où nous nous rétablirons de nouveau chez lui.

Les Bambaras, que l'emplacement actuel du poste ne laisse pas libres de commercer directement avec nous, semblent très désireux de le faire. Modiba, leur Roi, a toujours entretenu avec M. Dupont, par l'intermédiaire de Sambat Congol, des relations d'amitié qui paraissent devoir être avantageuses pour nos marchands.

D'après l'aperçu rapide qui précède, vous reconnaîtrez que je n'ai point le dessein de vous donner le détail de la conduite que vous aurez à tenir envers ces peuples, pour retirer de chacun d'eux tous les avantages qu'ils peuvent nous faire, en prévenant les inconvénients que leur fréquentation pourrait avoir. J'ai seulement indiqué les objets sur lesquels se doit porter votre attention particulière : arrivé sur les lieux, vous trouverez par MM. Dupont et Dussault, les renseignements les plus positifs sur les hommes et sur les choses. Le succès de leur administration pendant les années 1818, 1819 et 1820, au travers des circonstances si difficiles et dans un tel dénuement de moyens, est une preuve bien convaincante de leur sagesse, de leur capacité. Je ne puis trop vous engager à vous entendre avec ces messieurs sur l'ensemble et sur les détails du commandement qui vous est confié ; à prendre note des résultats de leur expérience, à vous diriger sur les voies qu'ils ont suivies, les instructions diverses qui se trouvent entre leurs mains. Leur correspondance et la mienne, dont ils vous feront la remise, achèveront de vous faire connaître l'esprit qui doit diriger toutes vos mesures. La manière dont vous avez rempli vous-même des devoirs à peu près semblables dans votre commandement du poste de Dagana, me dispense d'ailleurs de vous entretenir plus longtemps de ce sujet.

Vous trouverez ci-joint un état nominatif du personnel du poste de Galam et un budget, établi d'après la méthode fournie par le ministre de la marine, qui vous fera connaître le détail de toutes les dépenses à faire dans le poste et des moyens qui vous sont accordés pour y pourvoir. Ces deux pièces doivent être considérées par vous comme les bases essentielles de votre administration intérieure. Vos approvisionnements en vivres sont calculés pour quatorze mois. Vous devrez en surveiller l'emploi avec toute l'attention qu'exige l'importance de ce service : des marchandises ont été chargées pour pourvoir à Galam aux diverses dépenses qui, dans le chef-lieu, se payent en argent, vous veillerez à ce que la délivrance en soit toujours régulière, et, si le placement de quelques-unes d'entre elles offraient des avantages proportionnellement plus grands que celui des autres, portez vos soins à ce que la répartition en soit faite d'une manière juste qui rendent communs à tous les bénéfices qu'elles donneraient. Administrateur en chef du poste, votre devoir vous oblige à suivre tous les détails de l'administration, à prévenir tous les abus qui pourraient se glisser dans le service, à me faire part de tous les obstacles qui empêcheraient sa marche. Copie vous sera donnée des instructions remises à M. Frigaut et vous devrez veiller à leur exécution ; j'attends tout, à cet égard, de votre zèle, je vous recommande d'une manière particulière de ne rien négliger pour que la comptabilité de Galam soit transmise au chef-lieu, avec l'exactitude recommandée dans les instructions de M. Frigaut.

M. Nona, lieutenant au premier bataillon d'Afrique, commandera la garnison ; il eût été difficile de trouver un sujet plus ferme, plus prudent, plus zélé pour le service, et sachant mieux allier à la sévérité de la discipline la bonté et l'indulgence qui rendent le service facile et agréable au soldat. J'ai alloué à cet estimable officier l'indemnité de huit cents francs accordée par son Excellence au Commandant de la place à Baquel. Je désire qu'il en remplisse les fonctions, sous vos ordres immédiats.

M. Poizat, sergent-major, a été par moi provisoirement promu au grade de sous-lieutenant. Depuis deux ans dans le poste, où sa conduite a toujours été honorable, il pourra vous fournir sur les individus et les faits, des renseignements utiles. C'est le motif qui m'a porté à le conserver près de vous, la garnison se composera, en outre, de cinquante-deux sous-officiers et soldats, dont 30 Nègres, nouvellement enrôlés dans le 1er Bataillon d'Afrique. Je désire que le service soit organisé de manière que 10 au moins de ces 30 hommes, puissent être alternativement mis chaque jour à la disposition de l'officier du génie chargé des travaux à exécuter dans le poste ; le détachement entier pourra de suite être logé à terre dans des cases en paille faites à la manière du pays : il n'y aurait lieu à user du même moyen pour les militaires blancs, que dans le cas où il serait prouvé que cette méthode offrirait des avantages sur le logement à bord.

Un lieutenant en premier du génie dirigera le service, des instructions particulières lui seront remises quant à la nature des travaux qu'il aura à élever, au mode d'administration qu'il devra suivre, il vous donnera connaissance de ces instructions ; et vous veillerez à ce que dans leur exécution les intérêts du Gouvernement soient ménagés. Vous m'informerez de suite de toute infraction qui vous paraîtrait devoir les compromettre, ou entraîner, sans avantage bien reconnu, dans des dépenses excédant les allocations déjà faites.

Outre les maçons, charpentiers, et forgerons portés sur l'état du personnel ci-joint, comme attachés à la direction et les dix soldats noirs de corvée comme j'ai parlé plus haut, les ouvriers inscrits sur le rôle de l'*Argus* devront être mis chaque jour à la disposition immédiate du lieutenant du génie, chef du service ; ils seront nourris et soldés par la direction, et sous sa discipline immédiate, et complèteront, avec les Nègres du pays, qui pourront être loués comme manœuvres, le personnel employé à ses travaux.

Le service de l'artillerie est confié, sous vos ordres, au sieur Bernard, sous-garde, homme intelligent, actif et dévoué. La conservation et la comptabilité des munitions de guerre et l'entretien des armes seront soignés par les deux employés de cette direction.

Vous connaissez déjà les officiers et agents divers compris sous cette désignation — je crois inutile d'entrer à cet égard dans aucun détail avec vous.

D'après les dispositions que je vous fais connaître à l'article de la direction du génie, le nombreux personnel porté sur le rôle du brick de S. M. l'*Argus* sera par le fait réduit au nombre d'hommes strictement nécessaire pour l'entretien de la propreté à bord du bâtiment ; un maître blanc et dix laptots me paraissent devoir suffir à ce service, et c'est à ce nombre que j'ai fixé l'équipage du brick, le surplus devra être employé dans les travaux à terre. Si des réparations urgentes exigeaient momentanément la présence à bord de partie de ces hommes, il devra être fait mention sur le journal du bord et le carnet de la direction, des travaux à faire et du nombre de journées qui auront été employées à les achever.

Je n'ai pas besoin de vous recommander de ne rien négliger de tout ce qui peut contribuer à la conservation des hommes sous vos ordres. Je fais mettre à votre disposition tous les moyens que la correspondance de M. Dupont m'a fait regarder comme les plus propres à atteindre ce but ; des légumes secs pourront être distribués en ration ; il ne sera plus donné d'eau-de-vie aux Européens ; des filtres seront embarqués pour le service du personnel du poste, pendant la saison des pluies ; durant laquelle les eaux bourbeuses du fleuve occasionnent, croit-on, des dyssenteries... Vous aurez soin de m'indiquer vous-même, à cet égard, quelles précautions vous aurez prises, quels changements vous penserez pouvoir être avantageux à apporter dans le logement, la nourriture, le régime de vie, pour prévenir les dangers que le climat peut faire courir. Je recommande à votre zèle cet examen dont vous sentez toute l'importance.

Vous veillerez également avec une attention particulière à ce qu'il ne s'établisse que des rapports d'amitié entre les indigènes et les employés du poste, et surtout les Européens. Toutes discussions doivent être prévenues en exigeant des chefs indigènes qu'ils fassent rendre à vos hommes, s'ils avaient droit de se plaindre, une justice exacte : soyez vous-même justement sévère contre ceux-là, si les indigènes réclament avec droit ; il importe de nous montrer comme les amis de la paix et de l'ordre. C'est l'esprit qui doit vous animer dans toutes vos relations avec les chefs et les particuliers.

D'après les rapports qui m'ont été faits sur le haut pays en général, la guerre et les dévastations qui la suivent, surtout chez ces peuples, ont beaucoup réduit les produits de leur agriculture. Toutefois le coton et l'indigo abondent, particulièrement dans le pays de Boundou qui a eu moins à souffrir de la guerre. Ne négligez aucune occasion pour engager ces naturels à apporter dans le poste le premier de ces produits. Vous savez combien sont grands les besoins qu'a la France de cette marchandise ; l'indigo fabriqué par eux est, dit-on, d'une qualité inférieure : vous m'en adresserez quelques livres que je soumettrai à des expériences ; étudiez et faites-moi connaître, avec détails, les diverses espèces qu'ils cultivent et leurs procédés de manipulation : des changements, peu importants en apparence, en peuvent amener de très précieux dans la qualité du produit.

La gomme, l'or, l'ivoire, des cuirs, de la cire sont les marchandises que le commerce peut encore extraire avec avantage de ces contrées.

La nature des armemens qui se préparaient cette année pour le poste de Galam, les représentations que m'avaient faites M. Dupont sur les inconvénients dans les postes d'une concurrence irréfléchie, semblable à celle que se font ordinairement entr'eux les traitans aux escales du bas du fleuve, la demande d'une partie du commerce de l'île, et les intentions, manifestées par le Gouvernement, m'ont porté à provoquer la formation d'une société pour la traite de la gomme à Galam de 1820 à 1821.

Les précautions prises d'avance pour que les commerçants de Saint-Louis, même les moins aisés, puissent prendre intérêt aux opérations de la société, m'ont permis de leur allouer la traite entière de toute la gomme qu'elle fera arriver dans le poste ; ce n'est d'ailleurs qu'un juste dédommagement des dépenses qu'elle doit faire, vous veillerez donc attentivement à ce que qui que ce soit, sous aucun prétexte, n'achète de ce produit. Toutes concurrences compromettraient les intérêts d'une association que le Gouvernement prescrit de favoriser. Je vous recommande particulièrement de tenir la main à l'entier accomplissement de la promesse que j'ai faite, au nom de ce dernier, et de m'informer des mesures que vous aurez prises sur les lieux, pour son exécution. Vous trouverez ci-joint copie de la lettre par laquelle j'ai fait connaître aux sociétaires les règles qu'ils doivent suivre. Vous maintiendrez leur exacte exécution.

La même société dont je viens de vous parler a pris l'engagement d'envoyer un bâtiment former une escale vers le village de Makana pour la traite des autres produits ; il ne lui est accordé à cet égard aucun avantage exclusif ; la concurrence n'a pas dans ce commerce les mêmes dangers que dans celui fait avec les Maures : ainsi, excepté la gomme, toutes les productions du pays sont livrées à l'industrie de tous les traitans. Votre attention doit se porter seulement à favoriser et multiplier ces échanges et à faire en sorte que les objets de traite, offerts dans le poste par les indigènes, y soient toujours achetés. C'est le plus efficace encouragement qui puisse être donné à leur agriculture et à leur négoce. Un autre avantage résultera de cet état de chose : il empêchera la dérivation sur la Gambie des marchandises provenant de l'intérieur et que les Anglais, établis sur ce fleuve, s'appliquent à y attirer. La mission confiée en 1817 et 1818 aux Majors Peddie et Gray paraît avoir eu entre autres cet objet de vue.

Il me reste à vous entretenir des dispositions adoptées pour le recrutement du Bataillon d'Afrique ; il sera en partie effectué à Galam par le rachat de captifs que l'administration coloniale libérera à Saint-Louis, sous condition qu'ils s'engageront à faire le service militaire pendant 14 années. Des ordres ont été donnés à M. Dupont, enseigne de vaisseau, le 25 mai dernier, de réunir à Baquel des hommes propres à ce service ; des marchandises sont chargées sur les bâtimens de l'expédition pour pourvoir à leur rachat. D'après les renseignements qui m'ont été donnés par M. Alain, subrécargue en 1818 de la cargaison du brick le *Commandant Fleuriau*, il paraîtrait que cette dépense ne devrait pas s'élever, par homme, à plus de 150 francs en marchandises. C'est sur cette donnée qu'a été calculé l'envoi de valeurs fait par l'administration du Sénégal ; d'un autre côté, il m'a été fait des observations sur l'impossibilité, où l'on se trouverait de réunir à temps pour être renvoyés par le retour de l'expédition les 200 hommes nécessaires pour le recrutement du Bataillon d'Afrique, et la formation d'une compagnie de sapeurs Nègres ; et les négociants m'ont représenté combien pouvait être nuisible aux échanges la concurrence que le Gouvernement leur ferait réellement, par l'émission du prix de rachat d'un tel nombre de captifs ; ces deux objections m'ont paru fondées, et la dernière, justement motivée par la publicité que le Gouvernement a donné à son intention de favoriser le commerce de Galam ; par conséquent j'ai décidé que si, à l'arrivée de l'expédition à Baquel, les Nègres n'étaient pas déjà rachetés par M. Dupont, les agents de la Société de la traite de la gomme seraient chargés de l'opération, que les marchandises, fournies pour cette dépense, leur seraient remises, et qu'ils les employeraient, sous votre surveillance et celle du chargé de service à la destination indiquée. Les hommes seront reçus au fur et à mesure des rachats par une commission présidée par vous et composée de MM. le lieutenant d'infanterie, le lieutenant de sapeurs, l'officier d'administration et l'officier de santé, chef de ce service. La destination qui doit être donnée à la plupart d'entr'eux, exige, outre les conditions ordinaires pour l'admission, 16 à 20 ans, époque de la vie où il est le plus facile d'apprendre un métier. M. le lieutenant Burke O' Farel sera spécialement consulté à cet égard et vous lui ferez remettre, pour demeurer sous ses ordres, tous les hommes dans lesquels il supposerait de l'aptitude pour le service de sapeurs. Les autres, remis à M. le lieutenant d'infanterie, seront autant que possible utilisés comme manœuvres, et formés à l'école du soldat, en employant toutefois les précautions que les localités rendent nécessaires pour prévenir leur désertion. Il est inutile de vous prévenir qu'il est à désirer que partie du moins de ces hommes fût renvoyée à Saint-Louis par le retour de l'expédition. Vous aurez soin d'expédier par elle ceux qui auraient été rachetés lors de son départ.

Dans le cas, qui n'est pas probable, où les rachats ne pourraient être faits aux taux que je vous ai indiqués, il ne serait donné suite à l'opération que sur une délibération motivée du conseil du poste, dont vous connaîtrez plus bas la composition, et conformément à la décision de la majorité. Le procès-verbal de la séance devrait m'être immédiatement remis, et dans aucune circonstance les rachats, faits par la société commerciale pour le compte du Gouvernement, ne pourraient dépasser le montant des valeurs allouées pour cette dépense par l'administration du chef-lieu.

Le désir de ne pas nuire aux spéculateurs du commerce par l'émission d'une grande quantité de marchandises, mais plus ore peut-être celui de dégager l'administration du poste des détails d'une opération embarrassante et très délicate, de prévenir jusqu'à la supposition d'un intérêt particulier dans la discussion des prix ; et l'opinion que j'ai conçue des avantages qui résulteraient, pour le choix des hommes, du mode de rachat et de recettes que j'ai indiquées, m'ont déterminé à céder aux demandes que m'a faites l'association d'être chargée de cette affaire. Ce sera à vous, Monsieur, et à la Commission, de faire ressortir de cet ordre de choses tout le bon qu'il peut produire.

Résumant les indications, instructions, et ordres qui précèdent, je vous rappelle :

que le poste dont le commandement vous est confié est considéré par le Gouvernement comme point central autour duquel des établissements progressivement formés doivent nous faire pénétrer jusqu'aux marchés de l'intérieur, et assurer à notre commerce l'approvisionnement, à l'exclusion de tous autres, des royaumes les plus voisins, et en concurrence avec les anciens fournisseurs, de ceux plus éloignés. Vous devrez donc avoir toujours en vue de faciliter et d'étendre les anciennes relations, de favoriser la formation de nouveaux rapports, d'activer l'industrie agricole et commerciale, de tous les moyens physiques et moraux dont vous pouvez user ;

que la paix est une condition indispensable à l'établissement des relations avantageuses ; qu'à la rétablir, à la maintenir doivent tendre tous vos efforts, que MM. Dupont et Dussault, les instructions diverses qui leur ont été remises, leur correspondance et la mienne, vous fourniront l'indication détaillée des voies que vous aurez à suivre, pour atteindre convenablement le but que vous devez rechercher ;

que sous le titre de Commandant du poste militaire, vous réunissez les fonctions de Commandant militaire supérieur à celle d'administrateur en chef ; que seul vous êtes chargé des relations politiques avec les rois, princes et chefs indigènes, que vous n'êtes responsable de vos faits que vis-à-vis du Commandant et administrateur pour le Roi et que, sous votre responsabilité personnelle, vous pouvez passer outre aux représentations qui vous seraient faites par les divers chefs de service, dans le poste ;

afin de faciliter votre administration et vous entourer des renseignements les plus propres à l'éclairer, j'ai décidé qu'il serait formé près de vous un conseil que vous présiderez ; qui sera composé du lieutenant d'infanterie commandant la garnison, et votre remplaçant en cas d'absence, de maladie ou de décès ; du lieutenant du Génie, du Commandant chargé du service administratif. Vous devrez lui soumettre toute affaire extraordinaire de quelque importance, les opinions de chaque membre seront constatées par un procès-verbal, et en cas de partage, votre voix aura prépondérance ; vous pourrez dans ce dernier cas ordonner provisoirement l'exécution, mais vous ne serez déchargé de la responsabilité qu'elle implique, qu'après que mon assentiment à la mesure vous sera parvenue. »

A l'expédition étaient joints encore l'ingénieur des mines Grandin, qui devait continuer les recherches techniques dans le pays de Galam et le secrétaire-interprète Rouzée, qui avait « une mission particulière pour « l'intérieur. Ce jeune homme, dit Schmaltz, qui a une « connaissance approfondie de la langue arabe et de la « religion mahométane, a nourri. dès sa première jeu- « nesse, le projet d'explorer les contrées inconnues de « l'Afrique ».

Schmaltz le mettait à même de remplir ses désirs en l'envoyant sur le haut Sénégal. Disons tout de suite que cette mission, qui aurait pu donner de si heureux résultats, n'aboutit pas : Rouzée, comme beaucoup de ses compagnons, mourait de la dyssenterie qu'il avait contractée, dès son arrivée à Bakel.

Et puisque nous voilà arrivés à cette date du 10 août 1820, pendant que l'expédition de Galam remonte lentement le fleuve, saluons le départ du colonel Schmaltz, relevé assez brusquement de ses fonctions. Paris, si peu pressé pour son propre compte, l'était pour le Sénégal : la chose se voit encore aujourd'hui. On s'impatientait des retards apportés par Schmaltz dans la réalisation de ses projets de colonisation, de ses promesses grandiloquentes et jamais tenues, et qui finissaient par paraître du bluff, des insuccès de sa politique maure et toucouleure. On lui fit surtout grief, semble-t-il, d'avoir toléré la continuation de la traite des noirs. Schmaltz avait besoin, pour la réussite de ses projets, de l'entente avec les mulâtres et grands commerçants noirs de Saint-Louis et de Gorée. Il fermait donc plus ou moins les yeux sur leurs agissements, réprouvés par les nouvelles lois et signalés avec un luxe de renseignements extraordinaire par les Anglais. Son intérimaire, Fleuriau, en avait d'ailleurs fait autant.

Il écrivit, le 10 août, au Ministre, cette lettre volontairement froide, mais dont il devait saigner de tout son cœur :

« J'ai reçu des mains de M. le Capitaine de vaisseau Le Coupé, la dépêche du 3 juillet, par laquelle Votre Excellence m'a fait connaître que S. M. avait jugé convenable de me nommer un successeur. M. le Commandant Le Coupé a bien voulu mettre à ma disposition La Gabarre de S. M. la *Charente* pour opérer mon retour en France. Je dispose tout pour hâter le moment de son départ que j'espère pouvoir avoir lieu vers la fin de ce mois.

« Je me conformerai, pour la remise du commandement, aux ordres que votre Excellence m'a notifiés et me ferai un plaisir de fournir à mon successeur tous les renseignements qu'il pourra désirer sur les affaires relatives au commandement et à l'administration des établissements français d'Afrique. »

Un de ses derniers mots étaient pour Dupont à Bakel, qu'il regrettait de ne pouvoir embrasser avant son départ, en signe d'affectueuse estime.

Ce même jour du 10 août, le convoi était attaqué à Fanayè, peu après Dagana, par les Poules et les Trarza, réunis et excités par Eliman Boubakar, notre ennemi du Toro. Le feu fut continué jusqu'à Kasso, point où le fleuve fait un coude et se rétrécit.

« Il paraîtrait, dit Le Coupé, successeur de Schmaltz, que ce point avait été choisi par les coalisés comme très propre à arrêter le convoi, prendre quelques bâtiments et contraindre les autres à retourner en arrière.

« Forcée à se défendre, notre expédition leur a envoyé quelques coups de canon qui, dit-on, ont fait un effet assez sérieux. Un petit bateau de commerce avait été retenu en arrière par la lenteur de sa marche, les Foules se jetèrent à l'eau dans l'espoir de s'en emparer, mais il fut secouru à propos par le brick le *Voyageur* et le bâtiment de la société de Baquel, et c'est dans ce conflit que l'ennemi a perdu quelques hommes. Le convoi a continué tranquillement sa route, et il ne paraît pas douteux qu'il passe et arrive heureusement à sa destination. »

Ces prévisions se réalisèrent. Les protestations de paix de l'almamy du Fouta étaient sincères : aucun incident nouveau ne se produisit et le convoi arriva à bon port à Bakel, au début de septembre.

Le major Gray dit dans sa relation :

« Le 8 août 1820, un bateau à vapeur arriva de Saint-Louis, ayant, peu de jours avant, quitté la flotte qui avait éprouvé de grandes difficultés à son passage le long du Foota-Toro. Les habitants, armés de fusils, avaient formé un retranchement d'un côté de la rivière, et tirèrent sur les vaisseaux : plusieurs hommes furent tués, d'autres furent blessés, et un sloop, de la compagnie du Galam, coulé bas dans la confusion. »

C'est exact. Le sloop le *Cocagne* étant venu en travers, sous le beaupré du brick la *Ménagère*, fut coulé en peu d'instant. Cet incident, qui fut dissimulé au Ministre, apparut par la suite quand les propriétaires élevèrent des réclamations, accusant à tort, semble-t-il, la *Ménagère* de fausse manœuvre.

Reparti le 30 septembre de Bakel, toutes ses opérations heureusement terminées, le convoi était, le 15 octobre, à Saint-Louis.

Il ramenait Dupont, promu depuis juillet pour sa belle conduite chevalier de la Légion d'Honneur. C'était un succès. Malheureusement la maladie décimait tout le monde : officiers, marins, commerçants ne débarquèrent que pour entrer à l'hôpital et bientôt dans les maisons particulières, car l'hôpital fut vite trop petit : il y avait alors 162 malades. « Je manque de médicaments, de vivres, de fournitures, telles que chemises, draps, etc. », écrivait Le Coupé. Il ne pouvait plus faire partir pour France la *Ménagère*, que Schmaltz avait envoyé de son propre mouvement en Galam ; tout l'équipage était à l'hôpital. La bonne saison devait rapidement ramener la santé et réchauffer les courages.

L'expédition avait coûté, ainsi que Le Coupé en rendit compte, le 12 novembre, au Ministre, frs 224.486,44. Sur ce chiffre, comme il le faisait remarquer, les travaux spéciaux qui n'étaient pas à la charge de la colonie et les vivres délivrés aux manœuvres et ouvriers revenaient à frs 47.093,02. La fondation de Bakel revenait donc à la colonie, pour la première année, où on allait s'y employer sérieusement, à frs 177.392,98 : cette grosse dépense jetait la perturbation dans les finances de la colonie, sans compter que le ravitaillement était fait pour quatorze mois, pour éviter tout accident, en cas de retard dans le convoi suivant. Elle fut l'objet de plaintes de Le Coupé.

Quant à Bakel, désormais ravitaillé, pourvu d'hommes, de fonds et de marchandises de troc, il allait sous l'impulsion active et énergique de Hesse, prendre un essor que seules entraveraient périodiquement les maladies, notamment le paludisme infectieux et la dyssenterie, dont on ne savait pas du tout se préserver à cette époque.

(A suivre.) Paul Marty.

www.ingramcontent.com/pod-product-compliance
Ingram Content Group UK Ltd.
Pitfield, Milton Keynes, MK11 3LW, UK
UKHW020951180726
13838UKWH00003B/1255